Wolf Ganger

Leben im Heute

Wolf Ganger

Leben im Heute

Weg von der Sucht in ein spirituelles Leben

Fromm Verlag

Impressum/Imprint (nur für Deutschland/ only for Germany)
Bibliografische Information der Deutschen Nationalbibliothek: Die Deutsche Nationalbibliothek verzeichnet diese Publikation in der Deutschen Nationalbibliografie; detaillierte bibliografische Daten sind im Internet über http://dnb.d-nb.de abrufbar.

Coverbild: www.ingimage.com

Contact:
International Book Market Service Ltd., 17 Rue Meldrum, Beau Bassin, 1713-01 Mauritius
Website: www.bookmarketservice.com
Email: info@bookmarketservice.com

Gedruckt in: USA, UK, Deutschland. Dieses Buch wurde nicht in Mauritius produziert.

Imprint (only for USA, GB)
Bibliographic information published by the Deutsche Nationalbibliothek: The Deutsche Nationalbibliothek lists this publication in the Deutsche Nationalbibliografie; detailed bibliographic data are available in the Internet at http://dnb.d-nb.de.

Cover image: www.ingimage.com

Contact:
International Book Market Service Ltd., 17 Rue Meldrum, Beau Bassin, 1713-01 Mauritius
Website: www.bookmarketservice.com
Email: info@bookmarketservice.com

Printed in: U.S.A., U.K., Germany. This book was not produced in Mauritius.

ISBN: 978-3-8416-0294-7

Leben im HEUTE

Weg von der Sucht in ein spirituelles Leben

Inhalt:

Vorwort

Für mich war die Sucht, meine Krankheit, eine Chance zu neuem Leben. Die Chance ein Leben zu führen, gegründet auf hautnahe spirituelle Wurzeln. Doch wäre es ein Fehlschluss zu meinen, man müsse erst krank werden, um „glaubhaft" leben zu können. Natürlich kann auch jeder Gesunde den spirituellen Lebensweg beschreiten. Für unabdingbar halte ich jedoch die Einsicht in die eigene Schwäche. Nur so kann sich ein Vertrauen auf die Stärke Gottes gründen, ein Leben in Demut geführt werden.

Die Erfahrung der eigenen Fehlbarkeit und des persönlichen Unvermögens ist nach meiner heutigen Sicht keine Niederlage. Der Sieg über das Leben gehört Gott.

Diese Einsicht bewahrt davor, Muskeln zeigen zu müssen, immer stark sein zu wollen. Eine Ellenbogenmentalität ist nicht der Weg zu innerem Frieden, sondern führt in die Isolation. Wahre Gemeinschaft lässt sich nur durch Ehrlichkeit, Rücksichtnahme, klare Regeln finden.

Sucht, Konsumrausch, materielles Streben, übersteigerter Ehrgeiz führen nur zu Ersatzbefriedigungen, niemals zu dauerhaftem Glück.

Wer sich auf einen spirituellen Lebensweg begeben möchte, wer Sinn und Erfüllung sucht, dem möchte ich mit diesem Buch Mut machen, sich von Gott korrigieren zu lassen, von Angst befreit, im Heute zu leben.

Der Weg, den ich hier schildere ist mein ganz persönlicher. Er soll nicht werben für eine spezielle Gemeinschaft, soll nicht meine Person in den Vordergrund stellen. Es ist ein möglicher Weg spirituelle Rettung zu erfahren. Doch es ist meine Lebensgeschichte und die für mich besondere Gemeinschaft der AA, der Anonymen Alkoholiker, die mich geführt und geleitetet hat. Möge jede/jeder seine eigene Erfahrung machen, mit der Gruppe, der Gemeinschaft, die ihr/ihm begegnet.

Wichtig erscheint mir dabei nur, den biblischen Satz zu leben: „Du sollst deinen Nächsten lieben wie dich selbst." Dahinter steckt für mich: Die Bereitschaft zu entwickeln, mein Ego von einer spirituellen Gemeinschaft prägen zu lassen, dies demütig und dankbar anzunehmen im Vertrauen auf Gott, letztlich auf die höhere Kraft, die als einzige in der Lage ist, mein Leben dauerhaft zu verändern, mich zu führen. Und bereit zu sein, dieses selbst Erfahrene voller Liebe an andere weiter zu geben.

Die Verwandlung

Jeder Tag hat 24 Stunden. Für mich als Alkoholiker ist dies keine Binsenweisheit, sondern Überlebensstrategie. 24 Stunden sind ein Zeitraum, den ich ungefähr überblicken kann, vor dem ich mich nicht zu ängstigen brauche, der mir das Leben im Heute ermöglicht.

Wer suchtkrank ist hat die Tendenz, entweder in der Vergangenheit zu leben, oder in der Zukunft. Zurück denkt der Suchtkranke mit Reue und Schuldgefühlen, nach vorne mit Angst und Befürchtungen. Doch nur ein Leben im Heute ermöglicht es, die Sucht zum Stillstand zu bringen.

Ich muss mich auf den Augenblick konzentrieren und das unmittelbar wichtige, um mich weder zu überfordern, noch zu unterfordern, sondern meine Stärke und Schwächen realistisch zu sehen, meine Kräfte einzuteilen.

Was sich im ersten Augenblick sehr verkopft anhören mag, ist letztlich, wenn eingeübt, ein Akt der Befreiung: zu leben im Hier und Jetzt.

Dabei hätte ich mir nie vorgestellt, suchtkrank zu werden, in meinem Fall: dem Alkohol ausgeliefert zu sein.

Es begann eigentlich ganz normal. Behütete Kindheit. Schule problemlos. Vielleicht ein paar Freunde zu wenig. Vielleicht ein wenig schüchtern. Eher der unauffällige Typ.

Mit der Pubertät dann die erste Clique, die ersten Feten, der Versuch der Kontaktaufnahme zu Mädchen. Vielleicht auch dabei zu schüchtern, zu unauffällig.

Durch die ersten Schlucke Alkohol, denen bald die ersten Räusche folgten, änderte sich nicht viel. Erstmals jedenfalls. Doch in mir tat sich etwas. Mit den ersten Gläsern und der Zigarette dazu, kam ein Gefühl der inneren Stärke, einer gewissen Überlegenheit. Meinen Platz auf Partys musste ich nicht länger suchen. Er war eindeutig an der Theke, nicht auf der Tanzfläche beim Kuschelrock.

Das Beste: Das Erlebnis des Rausches war verfügbar, synthetisch abrufbar. Mit den ersten Schlucken und den dazu gehörigen Zigaretten war ich wer, hob ich mich aus der Masse heraus, fühlte mich verrucht, verrufen, eben anders, einzigartig.

Natürlich blieben einzelne Exzesse nicht aus, aber dank meines Kontrollvermögens wurde ich nie wirklich auffällig. Mein Elternhaus akzeptierte meine Lebensweise, auch wenn ich manchmal erst morgens nach Hause kam, solange es in der Schule klappte und ich in der Familie funktionierte. Da ich mich zudem im Verein Christlicher Junger Menschen engagierte, schien alles in geordneten Bahnen zu verlaufen. Alles andere würde sich schon auswachsen.

Leider tat es dies nicht. Nach kurzer, besäufnisreicher Bundeswehrzeit wechselte ich ins Studium. Anfangs mit Begeisterung, dann zunehmend distanziert. Mir fehlten schlichtweg die Menschen, die die Theologie auf das Leben übertrugen. Die deutschen Massenuniversitäten, der wissenschaftlich-verkopfte Ansatz, irritierten mich zunehmend. Ich war auf der Suche nach einer geistlichen Gemeinschaft, nach glaubhaften Vorbildern. Was ich fand war viel Theorie, wenig Menschliches, starres Buchwissen. Ich griff zum bewährten Lösungsmittel. Doch es brachte mich nicht weiter. Die Vereinsamung und die innere Verwirrtheit nahmen zu. Auch Studienortwechsel brachten nicht die Lösung. Zwar gab es einige Highlights, interessante Persönlichkeiten. Letztlich verlor ich immer mehr den Halt. Jeder Schluck Bier, Wein, Schnaps, teilweise Strohrum, brachte mich dem inneren Ruin näher.

Schließlich landete ich in der Theaterszene. Ich ging weiter zur Uni. Doch wandelte ich mich immer mehr zur Thekenbedienung und zum Podesteschrauber. Scheinbar fand ich, wonach ich so lange gesucht hatte: eine Gemeinschaft, faszinierende Persönlichkeiten, Menschen, die bereit waren, ihr Leben nach ihrer Überzeugung zu leben und natürlich jede Menge Alkohol. Die Nächte wurden zunehmend länger, die Tage kürzer, der Alkohol mehr. Gleichzeitig verlor ich an geistiger, seelischer und körperlicher Substanz. In einer acht Quadratmeter Studentenbude hielt ich mein Leben notdürftig aufrecht, kotzte mir frühmorgens den auf der Theke übrig gebliebenen Rotwein aus der Kehle, war stundenweise an der Uni, nachmittags im Job.

Die innere Leere und Einsamkeit nahm zu. Mir war klar, irgendetwas in meinem Leben war komplett aus den Fugen geraten. Nur was? Wie davon weg kommen? Mit den ersten Versuchen, den Alkohol und die Kippen sein zu lassen, setzte ein tödlicher Kreislauf ein: das Gefühl zu versagen und diesem Versagen doch nur wieder mit Alkohol begegnen zu können.

Morgens war am schlimmsten, nie genau zu wissen, was in der Nacht geschehen war. Der Versuch, sich krampfhaft zu erinnern. Mit der Erinnerung kam die Scham und die Reue. Dann das Versprechen: Heute wird nichts getrunken. Ich höre endlich auf mit dem Mist. Spätestens ab mittags dann doch das

Verlangen, begleitet von einem inneren Ziehen von der Kehle bis in den Magen. Die erste Zigarette, noch trocken gewürgt, die Kopfschmerzen wurden weniger. Wenn das Essen drin blieb, kamen die ersten Gedanken an den bevorstehenden Abend, die Sehnsucht, nicht allein sein zu wollen, ein wenig Spaß zu haben, an Alkohol. Natürlich begann mit den ersten Schlucken das ganze Spiel von vorne. Ein tödlicher Kreislauf, jahrelang.

Nach qualvollen Jahren hatte ich endlich Glück. Ich bekam den besten Rat meines Lebens.
Da alle Selbstversuche, trocken zu bleiben, gescheitert waren, ließ ich mir einen Termin bei der Drogenberatung geben. Mir zitterten die Beine. Am liebsten hätte ich wieder abgedreht. Zaghaft klopfte ich an die Bürotür. Eine Stimme rief: "Herein." Ich sah mich einer jungen Sozialarbeiterin gegenüber und nahm Platz. Es war kein langes Gespräch. Doch ich konnte ihr mein Dilemma gestehen. Sie signalisierte Unterstützung. Ich ahnte, es könnte einen Ausweg geben. Sie stellte eine Bedingung: „Wenn ich dir helfen soll, erwarte ich, dass du zu den Anonymen Alkoholikern gehst."

Mir war, als hätte mir jemand vor den Kopf geschlagen. Ich sollte zu einem Haufen verkommener Säufer gehen?! Wollte die Frau, dass ich mein letztes Stück Selbstachtung aufgab? Innerlich schrie ich Zeter und Mordio. Doch ich wollte raus aus meiner Misere, endlich wieder ich selbst sein, wer auch immer das sein würde.

Der Neuanfang

Jede Geburt bereitet Schmerzen, der Mutter, dem Kind, dem Vater. Ich war ein verunsichertes Häuflein Elend, das sich seinem ersten Meeting bei den Anonymen Alkoholikern, kurz AA, näherte. Ich öffnete die Tür zum Gruppenraum. Etwa fünfzehn ziemlich normal aussehende Männer und Frauen saßen dort. Leider alle älter als ich, wie ein erster Blick in die Runde zeigte. Man nahm nicht weiter Notiz von mir. Also suchte ich mir einen freien Platz und harrte der Dinge, die kommen sollten, mich daran klammernd, dass dies der Preis war, um weiter geholfen zu bekommen.
Um es kurz zu machen. Nach diesem Abend tauchte ich bei der Sozialarbeiterin nicht mehr auf, dafür aber regelmäßig bei den AA´s. Mir begegneten Menschen, die gegenüber sich selbst ehrlich waren. Das imponierte mir. Ohne Schönfärberei, ohne Schnörkel berichteten sie aus ihrem Leben. Sie erzählten jeweils ihre Geschichte und schilderten damit gleichzeitig ein Stück meines Weges. Die Menschen, die

ich dort erlebte, waren echt. Es interessierte nicht, woher sie kamen, welchen Job sie hatten oder welche soziale Stellung. Es waren einfach Alkoholiker und Alkoholikerinnen, die sich zusammen gerauft hatten. Ihren Alkoholismus sahen sie als Krankheit. Sie schämten sich nicht dafür.
Die Regeln meines ersten Meetings und der folgenden waren klar und einfach: Jeder redete nur von sich selbst und nacheinander.

Keiner fiel einem anderen ins Wort. Es wurden keine Diskussionen geführt. Es wurden keine Ratschläge gegeben und das Wichtigste: Alles, was besprochen wurde, blieb „am Tisch", blieb „anonym".
Nach anderthalb Stunden und mit Ende meines ersten Meetings bei den Anonymen Alkoholikern war für mich klar: Hier bleibe ich. Wenn diese Typen es schafften, dauerhaft trocken zu bleiben und dabei noch einigermaßen zufrieden sein konnten, dann war das auch für mich der richtige Weg.

Von diesem Abend an trank ich nichts mehr. Doch damit fing die Arbeit erst richtig an. Es war nicht nur das Zittern der ersten Tage, das trockene Würgen, die Übelkeit, die Kreislaufschwäche. Richtig wackelig auf den Knien wurde mir erst, als ich mit zunehmender Nüchternheit und damit auch klarerem Denken erkannte, in welcher Misere ich wirklich steckte. Was hatte ich mir in den letzten Jahren angetan? Was hatte ich versäumt? Erst jetzt begann ich zu realisieren, welch emotionaler Wirrwarr in mir herrschte und wie desolat mein körperlicher Zustand war.

Das Erwachen begann. Hätte ich nicht die Unterstützung der AA`s gehabt, hätte ich mich nicht auf ihr spirituelles Programm eingelassen, ich wäre durchgedreht. Immer wieder zog ich das kleine weiße Pappkärtchen aus der Tasche, auf dem die „zwölf Schritte" der AA´s abgedruckt waren. Der erste Schritt wurde mir zum Rettungsanker, der zweite zum Hoffnungsträger.
Der erste Schritt lautet: „Wir gaben zu, dass wir dem Alkohol gegenüber machtlos sind - und unser Leben nicht mehr meistern konnten."

Der zweite Schritt: „Wir kamen zu dem Glauben, dass eine Macht, größer als wir selbst, uns unsere geistige Gesundheit wiedergeben kann."
Mit dem Besuch weiterer Meetings wurde mir klar: Am Anfang der Trockenheit muss die bedingungslose Kapitulation stehen. Es bringt überhaupt nichts zu hadern, verhandeln zu wollen, das Schicksal verantwortlich zu machen, nach Schuldigen Ausschau zu halten, in Selbstmitleid zu versinken. Wer be-

reit ist, vollkommen die Waffen zu strecken, Vergangenes Vergangenheit sein zu lassen, ist in der Lage den Blick nach vorne zu wenden. Alkoholiker sind keine willensschwachen Menschen. Das Handicap, das sie haben ist, ihre Kräfte gegen sich selbst einzusetzen. Sie rennen sich den Kopf ein bei dem Versuch, sich selbst zu überlisten, endlich los zu kommen von der Sucht, heraus aus dem Trümmerhaufen ihres Lebens, der emotionalen Dumpfheit und Gleichgültigkeit, weg von dem Gefühl, lebendig begraben zu sein, Emotionen nur im Rausch erleben zu können.

Wer es schafft, vor diesen widerstreitenden Empfindungen zu kapitulieren, kann sein Misstrauen gegenüber dem Leben überwinden, einen Funken Vertrauen in sich entdecken.
Das Eingeständnis meiner Machtlosigkeit wurde mir zur Befreiung. Ich konnte daran glauben, dass es etwas oder irgendwen über mir geben könnte, das die Kraft hat, mich zu einem neuen Leben zu führen. Es war mir klar: Ich selbst würde diese Kraft, allein aus mir heraus, niemals entwickeln können. Eher würde ich wieder in dem Kreislauf der Selbstüberforderung landen, letztlich in der Sucht.

Schon länger trockene AA´s sagten: „Wenn Du die Höhere Macht nicht als Deinen Gott oder umfassendes Lebensprinzip sehen kannst, nimm einfach die Gemeinschaft der Freundinnen und Freunde, die es geschafft haben.“ Sie empfahlen mir: „Versuche am Anfang an 90 Tagen 90 Meetings zu besuchen. Dadurch geht die Einsamkeit weg und Du wirst merken, dass Du Dich innerlich veränderst.“ Ich hielt mich daran.

Weiterhin ging ich zur Arbeit, schraubte Podeste zusammen, setzte Bühnendekorationen. Manchmal bediente ich hinterm Tresen. Der Alkohol schien mir weit weg zu sein. Doch, wenn ich nach getaner Arbeit auf dem Barhocker saß, schienen mir die Gespräche und Begegnungen schal und leer. Erst später merkte ich, dass dies an mir hing. Im Laufe der Zeit wurde mir immer deutlicher, wie mein bisheriges Leben auf „Saufkumpanen“ ausgerichtet war. Ich hatte einfach nicht gelernt oder verlernt, ehrlich meine Gefühle zu äußern, mir selbst einzugestehen, was ich brauchte, was für mich wichtig war. Alle Kommunikation führte um mich herum. An meinen Wesenskern ließ ich niemanden heran. Wie auch, wo ich selbst keinen Zugang zu ihm hatte? Nicht nur vor meiner Sucht musste ich kapitulieren, sondern auch vor meiner bisherigen Art zu leben.

Zur Kapitulation gehört, keinem anderem Menschen, Vorwürfe zu machen, nicht den Eltern, Verwandten, bisherigen Freunden, Lebenspartnern, Kollegen oder wem auch immer. Es würde Selbstmitleid drohen. Was dagegen hilft ist, im HEUTE zu leben, los zu lassen, der „Höheren Macht“ zu vertrauen. Die amerikanischen Urväter der AA´s titulierten sie als „Higher Power“. Im eigentlichen Sinne ist damit eine Kraft gemeint, die dem Schwachen, dem Versagenden auf die Beine hilft, die stützt und auf einen neuen Lebensweg bringt.

Am Ende eines jeden AA-Meetings steht der so genannte Gelassenheitsspruch: „Gott gebe mir die Gelassenheit, Dinge hinzunehmen, die ich nicht ändern kann. Den Mut, Dinge zu ändern, die ich ändern kann und die Weisheit das eine vom anderen zu unterscheiden.“

Es ist so etwas wie ein Mantra, ein immer wieder gesprochenes inneres Gebet, um sich nicht ablenken zu lassen vom Wesentlichen: Der Trockenheit, dem Leben ohne Sucht. Ist dieser Sockel der Gelassenheit spürbar empfiehlt es sich, die weiteren Schritte des AA-Programms anzugehen, die innere Inventur.

Zu Beginn meiner Trockenheit fühlte ich mich wie erstarrt, empfindungslos. Die Beruhigungstabletten, die mir der Hausarzt verschrieben hatte, setzte ich bald wieder ab. Es kam mir vor, als würde ich permanent einen halben Meter neben mir stehen, mich selbst beobachten. Vielleicht war es eine Schutzreaktion meines Körpers dicht zu machen, die Sinne abzuschalten. Jedenfalls brauchte es Wochen und Monate, bis ich bewusst wieder etwas riechen konnte, auch wenn es Autoabgase waren. Alles schmeckte wie fade Soße.

Der Hausarzt empfahl mir eine psychosomatische Kur. Ich reiste zum Vorgespräch an. Weil ich nicht wie ein „Alki“ daher kommen wollte, zog ich mir Jackett und Mantel an. Beides vom Vater überlassen. Als das Gespräch mit dem Arzt begann, war ich schon bis aufs Unterhemd durchgeschwitzt. Es stellte sich heraus: Ich war nicht bereit für eine Kur. Der Antritt dieser drei Wochen wäre mir wie eine weitere Niederlage vorgekommen. Ich fuhr wieder nach Hause, frustriert und doch erleichtert. Nun war ich auf mich gestellt, auf mich und meine Freunde bei AA. Ich begann zu kämpfen – um meine Trockenheit, mein Leben, meine Zukunft.

Erst später begriff ich, dass eine Auszeit mir sehr gut getan hätte. Doch es sollte nicht sein. So stand ich weiterhin schwitzend in den Warteschlange an den Kassen der Lebensmitteldiscounter, im Nacken das Gefühl, jeder würde mich beobachten, mir meine Niederlage ansehen. An den Spirituosenregalen ging ich mit starrem Blick vorbei. Jede Art von Menschenmenge löste Panik in mir aus. Ich fühlte mich ausgeschlossen, ausgestoßen.

Abendliche Altstadtspaziergänge mied ich, nur um niemanden zu treffen, dem ich erklären müsste, weshalb ich nicht mit in die Kneipe gehen würde. Wenn ich doch abends wegging oder in der Kleinkunstbühne aushalf, schielte ich auf den Zapfhahn, sah das Perlen der Sektgläser und die angebrochenen Weinflaschen hinterm Tresen. Ich hielt mich am Wasserglas fest und rauchte bis mir schlecht wurde. Am schlimmsten war es, von anderen auf meinen plötzlichen Wandel angesprochen zu werden. Es war nicht nur das Wasserglas in meiner Hand. Sie fühlten, dass sich etwas mit mir verändert hatte. Wie hätte ich ihnen erklären sollen, was da gerade mit mir passierte. Ich wusste es doch selbst nicht. Grausam waren die Gespräche, in denen ich versuchte, offen zu sein. „Was, Du und Alkoholiker?! Kann doch gar nicht sein. So viel hast Du ja nun auch wieder nicht getrunken. – Mach doch mal ein paar Tage Pause. Das wird das schon wieder.“ Für einige galt ich als eine Art Kuriosum. Sie konnten mich nicht zum Trinken animieren. Damit war ich für sie uninteressant, war vielleicht sogar Bedrohung in Bezug auf die eigenen Trinkgewohnheiten. Einige wenige spiegelten mir, dass sie schon seit längerem das Gefühl hatten, mit mir sei etwas nicht in Ordnung. Aber Alkoholiker? Kopfschütteln.

Es brauchte viel Kraft, mir selbst treu zu bleiben, auf Kapitulation zu bestehen, das Geschwätz drum herum zu ignorieren, Ratschläge auszuschlagen, den „gut gemeinten“ Einladungen auf ein Bier zu widerstehen.

Aufpassen musste ich nicht nur beim Trinken, sondern auch beim Essen. Erfahrene AA-Freunde berichteten immer wieder von Rückfällen ausgelöst durch alkoholversetzte Soßen, Backwaren oder Pralinen. Von da an schaute ich mir Speisekarten und Beschilderungen genau an, fragte im Zweifel nach. Selbst Ärzte, die von meiner Krankheit wussten, verschrieben mir gedankenlos alkoholhaltige Medikamente. Manche, obwohl ich sie ausdrücklich auf meine Sucht hinwies. Las ich zu Hause den Beipackzettel, entdeckte ich dennoch Alkoholzusätze. Dabei können, auch nach Jahren der Trockenheit, selbst geringe Mengen des Suchtstoffes eine Lawine lostreten. Gerettet hat mich bis heute das ehrliche Eingeständnis, dass mich nie nur jeweils ein Glas Bier, Wein oder Schnaps interessiert hat. Ich wollte immer die volle Ladung, die Wirkung.

Ich habe die Erfahrungen der Freundinnen und Freunde sehr ernst genommen, die von Rückfällen berichteten, welche ganz harmlos anfingen. Sei es ein Weinbrandpralinchen; das genussvolle Schnuppern, wenn der Dunst aus einer Kneipe oder Biergarten kommt; Hustentropfen, die eine angenehme Wärme in den Magenwänden erzeugen oder alkoholfreies Bier, dessen Schaumkrone verlockend leuchtet.
Wer nicht aufpasst wird sich Tage, Wochen oder auch erst Jahre später in einem Zustand wieder finden, der vorher nur in seinen Alpträumen Gestalt annahm. Andere haben durch scheinbar harmlose Einstiege den Absprung ganz verpasst, starben verwirrt und nass.

Wer trotz seiner Sucht überleben will muss stets wachsam sein, seine Kräfte einteilen, sorgsam mit sich selbst umgehen. Gerade deshalb ist es so schwer, Entspannung zu finden. Der Alkohol war für mich das Entspannungsmittel Nummer eins. Zu lernen, mich bewusst zu entspannen, war knallharte Arbeit, forderte eine Menge Disziplin. Das Gebet, Autogenes Training, Meditation, lange Spaziergänge und Fahrradtouren, waren für mich Rezepte, um neue Energien zu tanken, wieder Kondition zu bekommen. Immer wieder kehrende Schweißausbrüche und Zittern begleiteten mich monatelang. Am schlimmsten war jedoch die Einsicht, dass ich mir anscheinend einen Teil meines Verstandes weg gesoffen hatte. Ich wollte mein Studium weiter führen. Vieles daran hatte mir auch in den nassen Zeiten Freude bereitet, mich innerlich gestützt und begleitet. Doch konnte ich mich am Anfang meiner Trockenheit kaum konzentrieren. Zwanzig Minuten am Stück war das höchste, was ich an Konzentration zustande brachte. Danach fühlte ich mich leer, ausgebrannt, musste mich auf mein Bett legen, starrte an die Decke, wartete ab, bis sich die innerliche Starre und Enttäuschung legte. Es war ein harter Kampf. Vieles, in den Jahren davor gelernte, fand sich nicht mehr in meinem Kopf. Es war, als wären ganze Programme von der Festplatte gelöscht worden.

Gerne hätte ich jemanden gehabt, der mich während dieser Examenszeit begleitet hätte. In einem Fall gelang es mir. Doch ich war lediglich einer unter vielen. Meine Examensarbeiten bekam ich abgewertet zurück. Die mündlichen Prüfungen waren ein Desaster. Als ich nach der Verkündigung meiner Examensnote in ein kleines Kämmerchen gebeten wurde, brachte ich nur den Satz heraus: „Ich habe mein Examen geschafft." Mein Gegenüber schaute mich irritiert an, aber ich konnte erhobenen Hauptes nach

Hause fahren.

Monatelang hatte ich alles gegeben und dann dieses Ergebnis. Doch ich sollte lernen, dass es nicht mit dem Kopf durch die Wand geht. Gott hat seine eigenen Lektionen. Ich musste lernen, mir Zeit zu nehmen, mich erst zu sammeln, bevor ich den neuen Anlauf wagen konnte. Schließlich gelang mir der Studienabschluss. Das wichtigste war: In all der Zeit musste ich nicht trinken. Die Belohnung: Alle weiteren Prüfungen bis zum endgültigen Abschluss meiner Berufsausbildung schaffte ich problemlos und mit ansprechenden Noten.

Die wichtigste Lektion für mich war jedoch, mich nicht von anderen bewerten zu lassen. Die Beurteilung meiner Leistung ist eine Sache. Aber über meine menschlichen Qualitäten, über mein Inneres, meine Seele, darf nur ein liebender Gott ein Urteil sprechen.
Dennoch, als Suchtkranker werde ich mein Leben lang auf der Hut sein müssen. „Alkohol ist verschlagen, trügerisch, mächtig", heißt es immer wieder in den AA-Meetings. Gerade, wenn man sich in Sicherheit fühlt, vielleicht auf Erreichtes ein wenig stolz ist, sich selbst ein wenig belohnen möchte für all die Mühsal, dann schlägt er zu. Es kann passieren, dass während man mit dem Auto zum Tanken fährt, die Reihen der Schnapsregale innerlich auftauchen und beim Bezahlen an der Kasse, wie zufällig, eine Flasche Wodka mit abgerechnet wird. Es kann sein, dass eine Eissorte mit Alkohol bestellt wird oder das Stück Kuchen Kirschwasser enthält. Oder die Idee, einmal Malzbier zu probieren, oder ein alkoholfreies Bier oder ein Mixgetränk. Auf einmal, wie ferngelenkt, ist ein Glas Bier, Wein oder Sekt in der Hand und in die Kehle gegossen.

Immer wieder muss ich mir vor Augen halten:
„Ich werde mein Leben lang Alkoholiker sein. Es gibt keine Heilung. Die Krankheit kann lediglich zum Stillstand gebracht werden." Grundvoraussetzung für eine lebenslange Trockenheit ist bedingungslose Ehrlichkeit, immer wieder Kapitulation.
Dies mag sich grausam anhören. Letztlich aber ist es Befreiung, Entlastung. Ein Leben „allein aus Gnade."

Oft habe ich AA-Freunde sagen hören: „Ich bin froh, Alkoholiker geworden zu sein." Das erste Mal wäre ich beinahe umgefallen. Doch ist es letztlich ein Bekenntnis zu einer neuen Lebensweise, getragen von Dankbarkeit. Dahinter steckt das Vertrauen in eine Höhere Macht, in den Sinn des Lebens. Die scheinbar verlorenen und verpfuschten Jahre sind nicht umsonst gewesen, sondern eine Art Prüfung, notwendige Schritte auf dem Weg zu einer gottgeschenkten Gelassenheit.

Gegen Alkoholismus gibt es weder eine Pille, noch wird ein Alkoholiker jemals kontrolliert trinken können. Wer auf Halbheiten setzt oder scheinbar bequeme Lösungen gefährdet seine Trockenheit, letztlich sein Leben.

Wer zu den AA´s kommt muss bereit sein, sein Ego hinten an zu stellen. Der Einzelne findet den Halt nicht in sich selbst, sondern durch die Gemeinschaft. Gerade darin liegt die Chance, das Leben selbst wieder in die Hand zu nehmen. Es klingt paradox, doch gepaart mit Gelassenheit und Ehrlichkeit funktioniert es.

Die Gemeinschaft der AA´s basiert auf den Lebenserfahrungen der Einzelnen. Es ist so etwas wie ein gemeinsamer Erfahrungsschatz.
In den Gründerjahren, in den ersten Jahrzehnten des vorigen Jahrhunderts, gab es jedoch Bestrebungen als macht- und kraftvolle Organisation zu wirken. Manche Enthusiasten dachten sogar daran, mit dem AA-Programm die Welt verändern zu können. Doch es zeigte sich schnell: Die Stärke des Programms lag in der Bezogenheit auf die Sucht. Alles darüber hinaus gehende lenkte ab, führte in die Irre. Zu viel Ehrgeiz und Bekehrungswille barg die Gefahr eines Trockenrausches, letztlich den Rückfall in die Sucht.

Den zwölf spirituellen Schritten des Programms wurden zwölf so genannte "Traditionen", überlieferte Erfahrungswerte, an die Seite gestellt:

„Für den Sinn und Zweck unserer Gruppe gibt es nur eine höchste Autorität - einen liebenden Gott, wie er sich in dem Gewissen unserer Gruppe zu erkennen gibt. Unsere Vertrauensleute sind nur betraute Diener, sie herrschen nicht.“ (2. Tradition)

„Anonyme Alkoholiker nehmen niemals Stellung zu Fragen außerhalb ihrer Gemeinschaft; deshalb sollte auch der AA-Name niemals in öffentliche Streitfragen verwickelt werden.“ (10. Tradition)

Auch ich kann diese Zeilen nur als Betroffener schreiben, niemals als "offizieller" Vertreter der AA´s. AA wirkt für sich selbst.

11. Tradition: „Unsere Beziehungen zur Öffentlichkeit stützen sich mehr auf Anziehung als auf Werbung. Deshalb sollten wir auch gegenüber Presse, Rundfunk, Film und Fernsehen stets unsere persönliche Anonymität wahren."
Jeder, der sich wie ich außerhalb der Meetings über seine Krankheit und das spirituelle Lebensprogramm der AA´s äußert, tut es für sich und in eigener Verantwortung. Und das ist gut so. Wer die AA-Botschaft braucht wird sie finden. Meetings gibt es weltweit und in jeder Region, zu finden über die Telefonseelsorge oder im Internet unter www.anonyme-alkoholiker.de .

12. Tradition: „Anonymität ist die spirituelle Grundlage aller unserer Traditionen, die uns immer daran erinnern soll, Prinzipien über Personen zu stellen."

Diese Traditionen bewahrten die Anonymen Alkoholiker davor, eine Sekte zu werden oder eine vorübergehende Erscheinung. Die AA´s sind lediglich eine Selbsthilfegruppe, wenn auch die mittlerweile weltweit größte. Aber die Größe spielt keine Rolle, wenn die Macht, die „Power", bei Gott belassen wird. So gibt es lediglich eine im Rahmen des Notwendigen unvermeidliche Organisationsstruktur, zum Beispiel um Meetingsräume an zumieten. Erbnachlässe oder Schenkungen werden nicht angenommen. Einnahmequellen sind lediglich die Hutsammlungen in den Meetings und der Literaturverkauf. Diese geringe Finanzausstattung lässt die Gemeinschaft einfach und demütig bleiben.

Zu den AA´s gehören Bettelarme und Superreiche. Sie alle aber sind nur einen kurzen Moment der Unachtsamkeit vom nächsten Glas, vom Rückfall entfernt. Dieses Bewusstsein schweißt zusammen, lässt alle sozialen oder gesellschaftlichen Unterschiede bedeutungslos werden. Wer den Wunsch hat mit dem Trinken aufzuhören, gehört dazu. Wer für sich welchen Weg einschlägt, um dauerhaft trocken zu bleiben, das liegt in der Verantwortung des Einzelnen.

Mein Weg aus der Sucht und mein Glaube sind für mich untrennbar geworden. Aber spirituell leben lässt sich mit und ohne Suchterkrankung. Das Prinzip dahinter ist: Der Schwache kann dem Starken helfen, seine Schwäche zuzulassen und eine vollkommen andere, neue Kraft in seinem Leben zu entdecken.

Mit Paulus: „Und er hat zu mir gesagt: Lass dir an meiner Gnade genügen; denn meine Kraft ist in den Schwachen mächtig. Darum will ich mich am allerliebsten rühmen meiner Schwachheit, damit die Kraft Christi bei mir wohne. Darum bin ich guten Mutes in Schwachheit, in Misshandlungen, in Nöten, in Verfolgungen und Ängsten, um Christi willen; denn wenn ich schwach bin, so bin ich stark.“ (2. Brief des Paulus an die Korinther, Kapitel 12, Verse 9 und 10)

Spuren im Sand

Eines Nachts hatte ich einen Traum:
Ich ging am Meer entlang mit meinem Herrn.
Vor dem dunklen Nachthimmel erstrahlten,
Streiflichtern gleich, Bilder aus meinem Leben.
Und jedes Mal sah ich zwei Fußspuren im Sand,
meine eigene und die meines Herrn.
Als das letzte Bild an meinen Augen vorüber gezogen
war, blickte ich zurück. Ich erschrak, als ich entdeckte,
dass an vielen Stellen meines Lebensweges nur eine Spur
zu sehen war. Und das waren gerade die schwersten
Zeiten meines Lebens.

Besorgt fragte ich den Herrn:
„Herr, als ich anfing, dir nachzufolgen, da hast du
mir versprochen, auf allen Wegen bei mir zu sein.
Aber jetzt entdecke ich, dass in den schwersten Zeiten
meines Lebens nur eine Spur im Sand zu sehen ist.
Warum hast du mich allein gelassen, als ich dich am
meisten brauchte?“
Da antwortete er:
„Mein liebes Kind, ich liebe dich und werde dich nie

allein lassen, erst recht nicht in Nöten und Schwierigkeiten.
Dort wo du nur eine Spur gesehen hast,
da habe ich dich getragen."
Margaret Fishback Powers

Glaube als Lösung?

Der Anfang: Ich wollte ein Buch schreiben, das ich vermisst habe, als ich es hätte brauchen können.
Es knüpft an eine Erfolgsgeschichte an. Die Gewinner waren die, die bis dahin als Verlierer galten, als Desperados, Durchgeknallte, Outsider der Gesellschaft: Alkoholiker, Suchtkranke.
Einer, der beiden Gründer der weltumspannenden Selbsthilfeorganisation der Anonymen Alkoholiker, Bill, hatte ein spirituelles Erlebnis, eine Gotteserscheinung. Doch dies allein reichte nicht aus, dass der versoffene, ehemalige Börsenmakler dauerhaft trocken bleiben konnte. Er musste noch einen zweiten seiner Art treffen. Fündig wurde er in einer Situation völlig auf sich allein gestellt und unter Saufdruck leidend, als er auf Dr. Bob stieß. Dieser begabte Chirurg, der nur noch behandeln konnte, wenn er genug intus hatte, dass seine Hände aufhörten zu zittern, wurde der zweite im Bund. Das Wunder geschah: Allein dadurch, dass diese zwei den Wunsch hatten, trocken zu bleiben und bereit waren, sich offen und ehrlich auszutauschen, gelang es ihnen, nüchtern zu werden und es auch zu bleiben.

Zu den Zweien stießen bald andere und es wurde eine wechselvolle Gründungsgeschichte. Doch sie gelang. Voraussetzung dafür waren zwei Gründe: Ein spirituelles Fundament, fußend auf den Prinzipien der so genannten Oxford-Gruppenbewegung, einer evangelikalen Bewegung; zweitens das Scheitern aller Versuche mit dem neu geschaffenen Nüchternheits-Programm Geld oder Macht zu erlangen. Es stellte sich bald heraus, dass nur der dauerhaft nüchtern blieb, der sich los sagte von materiell gebundenen Zielen. Die Kapitulation, das bedingungslose Anerkennen einer Macht größer als der einzelne, war die Grundvoraussetzung. „Wir gaben zu, dass wir dem Alkohol gegenüber machtlos waren und unser Leben nicht mehr meistern konnten."

Diese Demut zieht sich durch die weiteren Schritte, insgesamt zwölf, die das Programm der Anonymen Alkoholiker umfasst.
Aus dem, was in den dreißiger Jahren des vorigen Jahrhunderts durch das mehr oder minder zufällige

Aufeinandertreffen zweier suchtkranker Menschen begann, ist heute eine Gemeinschaft gewachsen, die in 146 Ländern der Erde mit rund 90.000 Gruppen mit insgesamt über 1,8 Millionen Mitgliedern präsent ist (Zahlen 1996, Quelle s. www.anonyme–alkoholiker.de).

So, wie ich die eigene Lebenskrise erlebt habe, sehe ich heute in meinem Lebensumfeld eine Krise des Authentischen, des Ehrlichen, den Verlust des Glaubens an eine Macht, die größer ist, als wir Menschen.
Laut einer Studie der TU Dresden leidet aktuell jeder vierte EU-Bürger einmal in zwölf Monaten an einer psychischen Störung. 58 000 Menschen nehmen sich jedes Jahr das Leben. Über achtzig Millionen EU-Bürger leiden an gesundheitsbedrohlichen Süchten, Angstzuständen, Zwangssyndromen. Jedes Jahr fallen dadurch 300 Milliarden Euro Kosten an – 132 Milliarden allein für vorgezogenen Ruhestand oder Ausfalltage.

Der Schluss liegt nahe: Wir sind eine Gesellschaft, abhängig von Rauschmitteln und Ablenkungen, auf der Suche nach Identität und Halt. Je mehr Menschen den Bezug verlieren zu ihren Fundamenten, ihrem Glauben, ihrer Familie, ihrer Abstammung, desto mehr sind sie gefährdet.
Welche Lösung, welche Chance bietet angesichts dieser Situation der Glauben, die Religion und ihre Vertreter?

Im Vaterunser, dem Hauptgebet der Christen, sehe ich den Weg angelegt in zeitlosen Worten. Doch jede Zeit, jede Gesellschaft ist aufgefordert, diese Worte neu für sich zu entdecken und auszulegen, ihre Kraft mitten im Leben neu zu entdecken.

Was könnte dabei wegweisender sein als das gelebte Programm einer Gemeinschaft von Menschen, die durch das Anerkennen ihrer Schwäche, ihres Scheiterns, zu neuer Kraft und Lebensmut gelangten?
Es ist ein Teil meiner Geschichte und ein Ausschnitt der Lebenswirklichkeit vieler Freundinnen und Freunde, die auf dem Weg der Genesung sind. Hinein in ein Leben voller Hoffnung, in dem Bewusstsein einen Ausschnitt dessen wahrgenommen zu haben, was unser Leben hier und jetzt wirklich ausmacht. Biblisch gesprochen: „Der Gerechte wird allein aus Glauben leben.“

Die verwundete Seele?

Mein Weg begann mit einer schleichenden Katastrophe, die mich kalt in ihren Würgegriff nahm. Und ich habe oft würgen müssen, brennende Galle, roten Schleim, matschige Brocken, die sich aus meiner Kehle den Magen hinauf würgten. Das Waschbecken war nicht mehr zur Körperpflege da, sondern zum Kotzen. Das Bett gab mir keine Ruhe mehr und Wärme, sondern nur noch schlaflose Nächte und fiebrige Kälte. Die Wände meines Zimmers rückten immer mehr zusammen, wurden zum gitterlosen Gefängnis. Meine Seele litt Qualen und doch hatte ich vergessen, dass ich überhaupt eine besaß. Und Gott? Wahrscheinlich saß er unsichtbar auf meiner Bettkante. Seine Tränen waren der kalte Schweiß auf meiner Haut nach betäubtem Schlaf.

Meine Seele war schutzlos, offen wie eine Fleischwunde, versteckt unter einem Berg von Schuldgefühlen. Doch es begann eine Zeit, in der ich sie befreien konnte. Ich nahm sie wahr als untrennbar mit mir verbunden, Halt und Sicherheit gebend, Geborgenheit und Wärme.

Manchmal kann ich sie heute wahrnehmen als innere Stimme. Ein anderes Mal als flaues Gefühl in der Magengrube. Aber auch als dumpfe Leere, als Sehnsucht nach Erfüllung.

Meine Seele schenkt mir das Bewusstsein, dass es etwas über mir gibt, eine Höhere Macht, eine Kraft, die aus Kleinheit und Unzulänglichkeit herausführt und das Gefühl gibt, Teil eines Großen und Ganzen zu sein. Sie sagt: Irgendwo existiert ein Plan für dich, nichts ist umsonst und nichts sinnlos.

Die Seele ist Tröster und zugleich Stimmungsmacher. Trauer und Freude, Liebe und Hass prallen in ihr aufeinander. Ich kann sie verleugnen und verraten oder suchen und finden. Sie ist der sichere Pfad durch den Dschungel des Lebens und der Weg zu Gott, wie und wo auch immer er dem Menschen erscheinen mag.

Wie komme ich los von der Sucht?

Sucht ist eine Macht, die mich mir selbst weggenommen hat. Zuerst war es Neugier, Alleinsein überwinden, Dazugehörenwollen. Dann schmeckte es und wirkte. Es half und wurde unentbehrlich. Es wurde immer mehr und irgendwann zu viel. Es störte mich und ich versuchte zu pausieren. Die Pause klappte und danach schmeckte es umso besser. Die Pausen wurden kürzer und ich versuchte Systeme. Nur abends etwas und nur von einer Sorte. Aber auch dies scheiterte. Mein Selbstwertgefühl sank. Um mich aufzubauen, trank ich wieder ein volles Glas. Der tödliche Kreislauf begann und lies mich nicht mehr los. Jeder Anlass war ein Grund, noch mehr zu wollen. Doch je mehr ich kämpfte, umso mehr verlor ich. Der Niedergang war unvermeidlich; die Abhängigkeit, körperlich, geistig, seelisch unaufhaltsam.

Als nichts mehr half und ich mich selbst nicht mehr kannte, da gab es nur eine Alternative: untergehen oder Hilfe suchen und zwar ich selbst, niemand anderes für mich. Ich selbst musste es wollen.

Mit restlicher Kraft machte ich mich auf und suchte. Ich ging zu Ärzten, Therapeuten, Seelsorgern. Letztlich geholfen hat mir die Sozialarbeiterin eines Drogenhilfezentrums. Sie wollte mich nur weiter unterstützen, wenn ich in eine Selbsthilfegruppe ginge. Dies war die beste Bedingung meines Lebens. Was ich fand war eine verlässliche Gemeinschaft von Menschen, die das Gleiche erlebt und durchlitten hatten. Ihre Geschichte war meine Geschichte.

Was uns allen half, von unserer Sucht loszukommen? Ein spirituelles Programm und einige wenige Regeln, die den Zusammenhalt der Gemeinschaft garantieren. Hier die Schritte, die wir gemeinsam gegangen sind:

1. Schritt
Wir gaben zu,
dass wir dem Alkohol gegenüber machtlos sind -
und unser Leben nicht mehr meistern konnten.
Honesty

2. Schritt
Wir kamen zu dem Glauben,
dass eine Macht, größer als wir selbst,
uns unsere geistige Gesundheit wiedergeben kann
Hope

3. Schritt
Wir fassten den Entschluss,
unseren Willen und unser Leben
der Sorge Gottes

- wie wir ihn verstanden -
anzuvertrauen
Faith

4. Schritt
Wir machten eine gründliche und furchtlose Inventur in unserem Inneren
Courage

5. Schritt
Wir gaben Gott,
uns selbst
und einem anderen Menschen
gegenüber
unverhüllt unsere Fehler zu.
Integrity

6. Schritt
Wir waren völlig bereit,
all diese Charakterfehler
von Gott beseitigen zu lassen.
Willingness

7. Schritt
Demütig baten wir Ihn,
unsere Mängel von uns zu nehmen
Humility

8. Schritt
Wir machten eine Liste aller Personen,
denen wir Schaden zugefügt hatten,
und wurden willig,

ihn bei allen wieder gut zu machen.
Brotherly Love

9. Schritt
Wir machten bei diesen Menschen alles wieder gut
- wo immer es möglich war -
es sei denn,
wir hätten dadurch sie oder andere verletzt.
Justice

10. Schritt
Wir setzten die Inventur bei uns fort,
und wenn wir Unrecht hatten,
gaben wir es sofort zu.
Perseverance

11. Schritt
Wir suchten durch Gebet und Besinnung
die bewusste Verbindung zu Gott
-wie wir Ihn verstanden-
zu vertiefen.
Wir baten Ihn nur,
uns Seinen Willen erkennbar werden zu lassen
und uns die Kraft zu geben ihn auszuführen.
Spiritual Awareness

12. Schritt
Nachdem wir durch diese Schritte ein seelisches Erwachen erlebt hatten, versuchten wir, diese Botschaft an Alkoholiker weiterzugeben
und unser tägliches Leben nach diesen Grundsätzen auszurichten.
Service

Quelle: www.anonyme-alkoholiker.de

Zwölf Schritte auf einem Weg der Gemeinschaft, der Ehrlichkeit, der Regelmäßigkeit und der Offenheit.
Mir haben sie geholfen. Mögen sie auch anderen helfen.
Denn eine Macht stärker als ich selbst und mächtiger als meine Sucht, hat mich mir selbst wieder gegeben und versprochen, bei mir zu bleiben. Ich nenne diese Macht Gott.

Herr, sei mir gnädig, denn ich bin schwach; heile mich, Herr, denn meine Seele ist sehr erschrocken. (Psalm 6, Verse 3.4)
Ich bin guten Mutes in Schwachheit, in Misshandlungen, in Nöten, in Verfolgungen und Ängsten um Christi willen; denn wenn ich schwach bin, so bin ich stark. (2. Korinther 12, Vers 10)

Religion – Meine Chance?
Ich habe es einfach ausprobiert: Religion ist mir Richtschnur und Hilfe. Sie bringt mir Regelmäßigkeit und Verlässlichkeit. Sie unterstützt meinen Glauben. Religion lässt mich morgens mein Andachtsbuch aufschlagen und einen Moment innehalten bevor ich in den Tag stürze. Religion bringt mich dazu, während einer Fahrradtour am Wegekreuz anzuhalten und darüber nachzudenken, wer es aufgestellt hat und warum es dort steht. Beim Gipfelkreuz lässt mich Religion Dank sagen. Vor oder bei manchen Mahlzeiten lässt sie mich an die Menschen denken, die noch nie solch ein Essen hatten. Wenn ich die Gemeinschaft suche, führt sie mich in den Gottesdienst; wenn ich Ruhe suche in eine Kirche oder in den Wald, die Natur zu genießen und Gott dafür zu loben.

Vor dem Einschlafen hilft sie mir, zu danken und meine Sinne zu sammeln. Dies alles ist für mich Religion. Und Religion ist es, die Botschaft weiter zu geben. Sie mit anderen zu teilen. Mich zu öffnen für das, was meine Erfahrung übersteigt. Mich einzulassen auf ein Höheres und Tiefergehendes, Abstand zu bekommen zu meinem Leben.

„Nimm Dich nicht so wichtig", ist mein Leitspruch, um ein Teil des Ganzen zu sein, das Universum in mir entdecken zu können.

Religion ist die Suche nach dem Zugang zu meiner Seele und davon ausgehend, nach meinem Lebensweg. Aber sobald ich versuche, andere auf meinen Weg zu zwingen, wird sich mir das Wesen der Religion verschließen. Sie bestellt mich nicht zum Richter, höchstens zum Diener und ehrfurchtsvoll Staunenden. Ist mein Weg gut, lassen sich vielleicht auch andere davon überzeugen.

Leider gehört es zur irdischen Geschichte von Religion, dass sie immer auch missbraucht wurde. Im Namen der Religion haben viele den Knüppel der Moral zu spüren bekommen. Wenn sie Religion hören, steht dies für sie stellvertretend für Zwang, Freudlosigkeit, Strafe und Verbote.

Dabei sollte Religion doch gerade Phantasie anregen und ausleben lassen; Freude bringen und Freude schenken lassen; Halt und Sicherheit geben, anstatt einzusperren und zu verunsichern. So haben wir die Chance, unseren Standort im Leben zu finden. Dabei sind wir nicht auf uns selbst geworfen, sondern gehalten und getragen durch eine Höhere Kraft – für mich: Gott.

Demut als Lebensweg?

Demut ist, nichts als selbstverständlich zu nehmen. Demut ist, danken zu können; zu wissen, was das Leben wertvoll macht und was nicht. Demut ist Bescheidenheit und Güte. Ein freundliches Lächeln, wenn es einmal nicht so gut läuft. Demut hilft gegen Verbissenheit und Ärger. Demut bewahrt vor Überheblichkeit. Sie lässt für den Mitmenschen die gleichen Rechte gelten, wie ich sie mir selbst zugestehe. Vor allen Dingen bewahrt sie davor, andauernd zu jammern.

So viele Menschen haben Angst vor der Demut, weil sie sie mit Kriecherei oder Schleimerei verwechseln. Demut ist gerade das Gegenteil. Sie steht mir bei, nicht unterwürfig zu erscheinen, lässt mich meinen eigenen Wert erkennen. Sie gibt mir das Gefühl der Einzigartigkeit. Sie ist Selbstbescheidung gegenüber Gott. Wahrer Dank und Demut kann nur aus mir selbst kommen und dem Wissen um meine Seele.

„Es ist gut für mich, dass Du mich gedemütigt hast, damit ich Deine Gebote lerne.“ (Psalm 119, Vers 71)

Meine Seele?

Die Seele ist für mich ein Ort in mir selbst, der sich doch wieder irgendwann von mir entfernt. Es ist die Gewissheit, ganz bei mir zu sein und doch nicht alleine. Es ist der Platz, an dem ich niemals einsam bin und doch ganz bei mir selbst. Das Bewusstsein um meine Seele gibt mir Kraft und lässt mich doch wissen, dass meine Kraft alleine nicht ausreicht.

Meine Seele ist ein Stück von mir und auch ein Teil des Universums. Sie birgt meine Erfahrungen und mein Wissen und geht doch weit darüber hinaus. Meine Seele lässt mich leben über den Tod hinaus. Sie gibt mir das Gefühl, das etwas von mir bleibt in dieser Welt, auch wenn ich nicht mehr bin.

Die Seele ist der Ort, von dem meine innere Stimme zu mir spricht. Sie führt mich zur Einfachheit, wenn alles um mich herum wieder einmal zu kompliziert erscheint. Sie bewahrt Schönheit und bringt Kreativität hervor. Sie bringt Gut und Böse in Einklang und gibt eine Ahnung, sowohl von den dunklen als auch von den hellen Seiten des Lebens.

Meine Seele ist zwar immer da, aber dennoch will sie gepflegt werden, sonst ist sie für mich nicht mehr wahrnehmbar. Sie braucht Zeit der Stille, des Nachdenkens und der inneren Versenkung. Sonst wird sie leicht zum Schatz, zu dem ich den Lageplan verloren habe. Sie lässt sich zwar wieder finden, aber dies erfordert viel Zeit und Bereitschaft.

Meine Seele ist mir von Gott geschenkt, geliehen. Sie wird niemals mein Eigentum sein. Am Ende meiner Tage wird sie zu Gott heimkehren.

"Denn was hülfe es dem Menschen, wenn er die ganze Welt gewönne und nähme doch Schaden an seiner Seele?" (Markus 8, Vers 36)

„Kommt her zu mir, alle, die ihr mühselig und beladen seid; ich will euch erquicken. Nehmt auf euch mein Joch und lernt von mir; denn ich bin sanftmütig und von Herzen demütig; so werdet ihr Ruhe finden für eure Seelen. Denn mein Joch ist sanft, und meine Last ist leicht.“ (Matthäus 11, Verse 28-30)

Wie bekomme ich Körper und Geist zusammen?

Das Eine kann nicht ohne das Andere sein, ist nicht lebensfähig. Das Christentum hat die Bedeutung des Körpers leider lange Zeit unterschätzt und auch bekämpft. Wahrscheinlich liegt es daran, dass das Leiden Jesu zu sehr in den Vordergrund gerutscht ist. Sein Körper musste am Kreuz leiden, sein Geist konnte sich dadurch befreien. Dabei sind nach dem Evangelium sowohl sein Körper als auch sein Geist in den Himmel aufgestiegen.

Jesu Leben schildern die Evangelisten als das eines Genießers und sehr bewusst lebenden Menschen. Das Abendmahl steht für den Genuss der Speise und des gemeinsamen Mahls als gesellige Runde unter Freunden - als Zeichen der Gastfreundschaft, der Freundschaft und der Friedfertigkeit. Eine Oblate, die am Gaumen klebt, kann dies leider nicht vermitteln.

Den Umgang mit Frauen hat Jesus gesucht und genossen. Die Kirchen haben ihn zum Neutrum gemacht, in Verachtung seiner Männlichkeit und seines Geschlechts. Gott hat Jesus als Mensch erschaffen, als Mann. Und als Gottes Geschöpf hatte er auch sein Geschlecht, seine Gefühle, seine Triebe. Nirgendwo steht, dass er sie unterdrückt hätte. Ganz im Gegenteil, noch am Kreuz hat er laut aufgeschrien, seinen Schmerz, seine Verzweiflung aus sich heraus gelassen.

Es ist der Mensch Jesus, an den ich glaube und nicht der überhöhte Märtyrer.
Gott hat uns Menschen erlöst durch seinen Sohn, durch einen wirklichen Menschen, nicht durch ein Geistwesen.

Meine Formel ist: Uns ist Jesus als Mensch erschienen und zwar mit allem drum und dran. Oder achten wir unser Menschsein so gering, dass wir ihm dies nicht zutrauen?
Als Christ bin ich froh und glücklich über meinen Körper und meine damit im Geist Jesu zu leben - als ganzer Mensch und Mann. Und gerade damit achte ich die Frauen als gleichberechtigt. Denn Gott schuf den Menschen als Frau und Mann.

Bin ich schwach?

Als Suchtkranker habe ich mich lange Zeit benachteiligt, schwach gefühlt, minderwertig.

Mein neues Selbstbewusstsein fußt nicht darauf, irgendwann wieder stark zu sein, in dem Sinne, wieder ohne Bedenken und Nachteile Alkohol trinken, Drogen nehmen zu können. Stark bin ich heute, weil ich gelernt habe, meine Schwäche zu akzeptieren, in dem Bewusstsein: Meine Stärke kommt von Gott.

„Darum bin ich guten Mutes in Schwachheit, in Misshandlungen, in Nöten, in Verfolgungen und Ängsten, um Christi willen; denn wenn ich schwach bin, so bin ich stark.“ (Zweite Brief des Paulus an die Korinther Vers 10)

„Und obwohl meine leibliche Schwäche euch ein Anstoß war, habt ihr mich nicht verachtet oder vor mir ausgespuckt, sondern wie einen Engel Gottes nahmt ihr mich auf, ja wie Christus Jesus.“ (Galater 4, Vers 14)

Wie erkenne ich mich als Teil der Schöpfung?

Es hat lange gedauert, bis ich gelernt habe, für mich selbst zu sorgen. Ich meine dies nicht nur in materieller oder körperlicher Hinsicht. Vor allen Dingen war es wichtig, sensibilisiert zu werden: Was tut mir gut und was nicht?

Diese Fragestellung ist ein Prozess, eine Lebensaufgabe. Seitdem ich den Wert des eigenen Lebens erkannt habe, liegt mir Lebensqualität am Herzen, versuche ich, mich umweltgerecht zu verhalten, mich als Teil von Gottes Schöpfung zu verstehen.

Sorge um die Umwelt ist Sorge um mein eigenes Leben.

Ich bin nicht geboren als großer Aktivist in Sachen Umweltschutz. Aber ich versuche mein Leben so zu leben, dass es meinen Lebensraum einschließt. Je mehr ich mir meiner selbst bewusst werde, umso mehr wächst in mir auch das Bewusstsein für meine Umwelt. Ich versuche dabei nicht die Welt zu ändern, aber ich ändere mein Verhalten.

Ganz praktisch bedeutet dies beispielsweise, dass ich versuche Abfall zu vermeiden, oder ihn zumindest umweltgerecht entsorge.

Ich fahre mein Auto nicht mit Bleifuß und benutze Bus, Bahn und Fahrrad. Im Haushalt benutze ich ökologische Putz- und Waschmittel. Wegen meiner langen Flugreisen plagt mich das Gewissen.

Also alles nur ein kleiner Teil, mein ganz persönlicher Beitrag. Bestimmt könnte ich mehr tun. Aber Faulheit und Gedankenlosigkeit plagen mich genauso wie andere auch.
Ich mache mir Sorgen um die Umwelt. So weitergehen kann es nicht. Schließlich haben auch unsere Nachkommen ein Recht auf diese Welt. Gott hat sie ihnen genauso geschenkt, wie uns. Sie haben ein Recht darauf, körperlich gesund auf diese Welt zu kommen, saubere Luft zu atmen, ohne Angst um die Natur und ihre Gesundheit zu leben.

Als Gott die Welt erschuf, segnete er sein Werk. So steht es in der Bibel. Genauso soll der Mensch verfahren mit all dem, was Gott ihm anvertraut hat, einschließlich sich selbst. In dieser Weise lebt und handelt der Mensch nach „Gottes Bild".

„Und Gott schuf den Menschen zu seinem Bilde, zum Bilde Gottes schuf er ihn; und schuf sie als Mann und Weib. Und Gott segnete sie und sprach zu ihnen: Seid fruchtbar und mehret euch und füllet die Erde und machet sie euch untertan und herrschet über die Fische im Meer und über die Vögel unter dem Himmel und über das Vieh und über alles Getier, das auf Erden kriecht.
Und Gott sprach: Sehet da, ich habe euch gegeben alle Pflanzen, die Samen bringen, auf der ganzen Erde, und alle Bäume mit Früchten, die Samen bringen, zu eurer Speise. Aber allen Tieren auf Erden und allen Vögeln unter dem Himmel und allem Gewürm, das auf Erden lebt, habe ich alles grüne Kraut zur Nahrung gegeben. Und es geschah so.
Und Gott sah an alles, was er gemacht hatte, und siehe, es war sehr gut."
(1. Buch Mose 1, Verse 27 – 31a)

Wie handle ich sozial?

Wer arm ist wird schnell als asozial verschrien, nur weil er nicht in der Lage ist, äußeren Standards oder Erwartungen zu entsprechen. Dabei verhält sich mancher Reiche alles andere als sozial. Sozialsein bezieht sich beileibe nicht nur auf Materielles. Das wird im „Sozialstaat" oftmals vergessen.
Sozial zu handeln heißt für mich, den Mitmenschen zu achten und zu ehren. Ihn genauso als Gottes Geschöpf zu betrachten, wie mich selbst.
Ich halte nichts vom Auslese- und Elitedenken, weil es mich zum Richter macht, wo ich nicht bestellt bin.

Zudem wird der Elitegedanken meist von Menschen weitergetrieben, die sich als Elite empfinden. Fallen sie aus irgendwelchen Gründen nicht mehr unter diese Maßstäbe, schaffen sie sich Ausnahmen oder formulieren um.
Letztlich verhalten sie sich asozial. Ihr Schwachpunkt ist gerade, dass sie auf sich bezogen bleiben.
Sozial handeln heißt für mich, mir meiner Angewiesenheit auf den anderen bewusst zu sein.
Welches Glück es bereitet, zu teilen, wird nur der erfahren, der es tut.

Wie den Alltag meistern?

Der Alltag ist für mich eine gefährliche Zeit. Oftmals habe ich das Gefühl, dass er mir die Zeit für mich selbst raubt. Die Zeit, die ich brauche, um zu mir selbst zu finden und dort auch bleiben zu können.
Viel zu oft lasse ich mich leben, statt mein Leben selbst in die Hand zu nehmen. Damit meine ich nicht die normalen Anforderungen der Familie und des Berufs. Es ist vielmehr mein eigener Perfektionismus, verdeckter Ärger, Unausgesprochenes, was mich belastet. Anstatt es zu ändern, steigere ich mich oftmals hinein. Zurück bleibt das Gefühl, völlig ausgepumpt zu sein. Neudeutsch: „Burnout". Dann schaffe ich es fast nur noch, vor dem Fernseher abzuhängen oder Romane ich mich hinein zustopfen.
Folglich mache ich das, was ich eigentlich nicht will und was mir auch keine Erholung schafft. Nachts geht es dann weiter. Ich bin unruhig, schlafe wie betäubt, stehe unausgeschlafen auf. Manchmal ist es auch nur ein Halbschlaf, in dem ich versuche, Probleme zu lösen oder imaginäre Wortduelle ausfechte.
Dabei weiß ich genau, dass dies Drückende und Belastende nicht der Sinn des Alltags sein kann. Genauso wenig wie die Woche nur aus Sonntagen besteht.

Wie schaffe ich es, zu mir selbst zu finden? Nicht nur in Erwartung des Urlaubs oder eines besonderen Kicks zu leben? Diese Lebenshaltung ist für mich als Suchtkranker sehr gefährlich.
Im Laufe der Zeit habe ich gelernt, dass ich für meine Freizeit ebenso viel Disziplin aufbringen muss, wie für meinen Beruf. Und die Anforderungen der Familie sollte ich mindestens so ernst nehmen, wie die des Chefs. Es geht darum, Schwerpunkte zu setzen, zu gewichten. Je mehr sich die Bestandteile meines Lebens im Gleichgewicht zueinander befinden, je weniger belasten sie mich. Schließlich möchte ich meinen Alltag genießen, als sinnvollen und freudigen Teil meines Lebens empfinden.

Was tun in der Freizeit?

Freizeit ist Zeit für mich. Zeit, in der ich gerne bin, die ich genießen möchte. Zeit, in der ich mir etwas Gutes tue. Und sei es: nichts tun, gedankenlos zu sein; sei es die Sauna oder Freunde, gute Gespräche, ein spannendes Buch oder auf dem Balkon sitzen und träumen. Natürlich gibt es da noch vieles andere. Auf jeden Fall ist es Zeit, die ich mir ganz bewusst nehmen muss, die Energie erfordert, um sie zu gestalten. Wenn ich mich schon vorher verausgabt habe, kann ich in der Freizeit nichts rechtes mehr mit mir anfangen. Die Gefahr ist dann, dass ich nur noch konsumiere, anstatt mir selbst etwas zu bieten.
Freizeit fordert Entscheidung. Ich muss mich ganz bewusst für sie entscheiden. Sie muss es mir wert sein, dass ich anderes dafür stehen lasse. Dies bedingt, dass der Freizeit etwas Gleichwertiges gegenüber steht.

Wer arbeitslos ist, dem fällt es umso schwerer, sich Freizeit zuzubilligen. Ohne ausfüllende Beschäftigung wird der Tag zum Einheitsbrei, ohne Ziel und Ende. Wer nicht das Gefühl hat, sich seine Freizeit verdient zu haben, dem wird es schwer fallen, seine „freie" Zeit zu genießen.
In solch einer Lebenslage fordert es noch mehr Anstrengung, sich seine Freizeit zu erlauben. Gerade Suchtkranke brauchen Struktur in ihrem Leben, den Wechsel zwischen sinnvoller Betätigung und Entspannung. Gerade für den, der arbeitslos ist oder schon in Rente, kann es sehr hilfreich sein, andere auf den Weg der Trockenheit zu führen. Das Leben bekommt wieder Sinn.

Meine Vorbilder?

Manchmal stöhne ich vor all den Entscheidungen, die mir das Leben und ich mir selbst auferlege. Dann bin ich froh um Vorbilder. Sie geben mir in bestimmten Lebensphasen Richtung und Ziel. Vorbilder helfen mir, mich zu orientieren. Sie geben mir das Gefühl, nicht allein da zu stehen. Es beruhigt zu wissen, dass schon andere mit ähnlichen Lebenslagen und Problemen zurecht kommen mussten. Von einem Vorbild kann ich lernen, mich zu verhalten und zu entscheiden. Aber ein Vorbild kann mir keine Entscheidungen abnehmen. Dafür trage ich selbst die Verantwortung. Außerdem haben Vorbilder den Nachteil, nicht perfekt zu sein. Ihr Vorbild kann nur in bestimmten Grenzen wirken, sonst lasse ich mich durch sie leben. Wenn sie dann einen Fehler machen, der nicht in mein Erwartungsbild passt, bin ich sauer auf sie. Dabei haben sie mich nur an meine eigene Verantwortung für das Leben erinnert. Darin liegt die befreiende Kraft. Sonst werden sie zu unbeweglichen Götzen und ich bin in einer Ab-

hängigkeit, von der ich mich nur noch schwer lösen kann. Ein Vorbild erfordert, über es hinaus zu denken.
Bin ich selbst Vorbild, muss ich Achtung vor dem Leben des anderen mitbringen. Ihn in meine Form pressen zu wollen ist kontraproduktiv. Dann bin ich kein Vorbild mehr, sondern wohl eher abschreckendes Beispiel.

Trotz dieser kompliziert anmutenden Wechselbeziehung bin ich der Meinung, dass Vorbilder sehr nötig sind. Meinem Leben haben sie geholfen. Aber immer erst, wenn ich ehrlich mit ihnen war und auch mit mir selbst. Dazu gehört, dass ich sie nicht verabsolutiere oder einen Sockel stelle. Dies würde sie unmenschlich machen, zu Perfektionismus verführen, mein Idealbild auf sie projizieren. Ich muss Vorbilder los lassen können, damit sie keine Götzenbilder werden.
Gerade deshalb ist es in einer Selbsthilfegruppe so wichtig, dass jeder nur von sich selbst redet, den anderen seinen eigenen Weg finden lässt.

Wie schaffe ich es, im Heute zu leben?

Um im Heute zu leben, muss ich Abschiednehmen, Loslassen können. In meinem Leben musste ich vieles zurücklassen, neu beginnen. Abschiednehmen ist Zurückschauen und nach vorne blicken. Es ist Bedauern und freudige Erwartung. Würden wir nicht Abschiednehmen, würden wir bewegungslos sein. Nichts desto trotz schmerzen die meisten Abschiede. Es fällt nicht leicht, loszulassen. Abschiede bedeuten Trennung. Und immer geht ein Teil von mir: ein Teil meiner Erinnerung, meiner Empfindungen, Erwartungen, meiner Erlebnisse - ein Teil meines Lebens.
Gibt es ein Rezept gegen diesen Schmerz?
Es fällt mir nur eins ein: Das 24-Stunden-Prinzip; jeden Tag als einzigartig zu betrachten und zwar nicht nur das Schöne, sondern auch das Schwierige und scheinbar Misslungene. So gelingt Lernen, Vermeiden, Anderssehen. Es hilft, Gott jeden Abend für den Tag zu danken und jeden Tag im Vertrauen auf Gottes Führung zu beginnen.
Das 24-Stunden-Prinzip ermöglicht, die Ängste der Vergangenheit hinter sich zu lassen und die Zukunft Gottes Sorge anzuvertrauen. Was geschehen ist, lässt sich nicht mehr ändern. Was kommt, kann ich nicht bestimmen.
So bleibt mir nur, meine Kräfte auf den einen Tag zu konzentrieren - das Heute. Jedes Heute birgt die

Chance zur Veränderung, in Gedanken und in der Tat. Grübeln und Schwarzsehen fesseln an Vergangenes, verhindern gelingende Zukunft. Wenn ich nicht aufpasse, gebe ich damit die Verantwortung für mein Leben aus der Hand. Es findet sich immer ein Schuldiger oder ein misslicher Zustand, dem ich meine momentane Lage in die Schuhe schieben kann.
Vergeben und Vergessen können sind wichtige Bestandteile des Abschieds.
Nun gibt es Zwei, die mich am Loslassen hindern: mein Kontrollzwang und mein Perfektionismus. Vor beiden muss ich mich hüten. Sie führen zu dem Irrglauben, dass ich unersetzlich bin. Ich über mich selbst und andere zu bestimmen hätte.
Hilfreich ist, mir die Fragen zu stellen: „Was verliere ich, wenn ich dies nicht tue oder sein lasse?“ „Was gewinne ich, wenn ich dies auf mich nehme?“

Eine Liste, die mit diesen zwei Fragen überschrieben ist, kann mir helfen, Klarheit zu bekommen. Ich möchte lernen, los zu lassen, Abschied zu nehmen, die Zukunft in Gottes Hand zu legen und den Weg zu meinem eigenen Leben zu finden. Zwei Dinge helfen mir dabei: Das Vergangene liebevoll zu segnen und mit Menschen meines Vertrauens darüber zu reden.

„HEUTE GESTERN MORGEN

Es gibt in jeder Woche zwei Tage, über die wir uns keine Sorgen machen sollten. Zwei Tage, die wir freihalten von Angst und Bedrückung.

Einer dieser zwei Tage ist Gestern mit all seinen Fehlern und Sorgen, geistigen und körperlichen Schmerzen. Das Gestern ist nicht mehr unter unserer Kontrolle!
Alles Geld dieser Welt kann das Gestern nicht zurückbringen: Wir können keine einzige Tat, die wir getan haben, ungeschehen machen. Wir können nicht ein Wort zurücknehmen, das wir gesagt haben. Das Gestern ist vorbei!

Der andere Tag, über den wir uns keine Sorgen machen sollten, ist das Morgen mit seinen möglichen Gefahren, Lasten, großen Versprechungen und weniger guten Leistungen. Auch das Morgen haben wir nicht unter unserer sofortigen Kontrolle.

Morgen wird die Sonne aufgehen, entweder im vollen Glanz oder hinter einer Wolkenwand. Aber eins steht fest: Sie wird aufgehen! Bis sie aufgeht, sollten wir uns nicht über Morgen Sorgen machen, weil Morgen noch nicht geboren ist.
Da bleibt nur ein Tag übrig: heute!
Jeder Mensch kann nur die Schlacht von einem Tag schlagen. Dass wir zusammenbrechen geschieht nur, wenn Du und ich die Last dieser zwei fürchterlichen Ewigkeiten - gestern und morgen - zusammenfügen.
Es ist nicht die Erfahrung von heute, die die Menschen verrückt macht; es ist die Reue und Verbitterung für etwas, was gestern geschehen ist, oder die Furcht vor dem, was das Morgen bringen wird.

HEUTE ist das MORGEN, worüber wir uns GESTERN Sorgen gemacht haben."
(AA-Literatur)

Gelassen werden?
Gelassenheit entspringt der Kunst, loslassen zu können. Doch wie gelingt das? Nach meiner Erfahrung nur im Vertrauen auf etwas Höheres. Manche nennen es Glück, Zufall, Schicksal. Ich nenne es Gott. Gott, wie ich ihn verstehe. Gott, wie ich ihn in meinem Leben erfahren habe.
Bin ich dagegen nur auf mich als Mensch ausgerichtet ist mein Motto: Los, sofort! Oder das Versinken in Lethargie, Bewegungslosigkeit, Angstzustände.

Obwohl Loslassen nach Passivität klingt, unterscheidet es sich deutlich vom Nichtstun. Ehrgeiz, Perfektionsdrang, Verbissenheit, Wunschdenken, Träumereien sind Zustände, die sowohl positive als auch negative Energien enthalten. Es kommt darauf an, die Mitte zu halten, das Gleichgewicht zu finden.
Gerade deshalb ist das Gefühl so wichtig, dass es etwas da ist, das mich hält, jemand, der mich trägt. Erwarte ich dies von Menschen, werde ich immer wieder enttäuscht werden. Letztlich erliege ich so der Versuchung, nur nach meinen menschlichen Maßstäben zu messen, meine Erfahrung, mein Wissen als Grundstock zu nehmen. Schon beginnt das Kopfkino erneut.

Loslassen in Vertrauen auf Gott bedeutet für mich: mich zurück lehnen zu können; zu entspannen im Bewusstsein, dass ich gehalten werde; aufzustehen, voll getankt durch die Wurzeln meiner Seele, die in

Gott verankert sind.
Wer los lässt ist kein Schwächling, sondern er weiß sich die Kraft Gottes zu Nutzen zu machen. Das Schöne daran: Es entspricht Gottes Plan für uns, „gerechtfertigt", geliebt, entschuldigt, angenommen zu sein. Das wissen wir durch Jesus Christus.

„Der Gerechte wird aus Glauben leben." (Buch der Römer 13, Vers 17c)

Gelassenheitsgebet: „Gott gebe uns die Gelassenheit, Dinge hinzunehmen, die wir nicht ändern können. Den Mut, Dinge zu ändern, die wir ändern können. Und die Weisheit, das eine vom anderen zu unterscheiden."

Wie werde ich sprachfrei?
Am Anfang meiner Trockenheit, meines neuen Lebens, stand die Hemmung, mich anderen mitzuteilen. Gefühle und Gedanken waren in mir verschlossen. Allein die Vorstellung, eine Gruppe von Menschen an meinem Inneren teilhaben zu lassen, flößte mir Unbehagen und Angst ein. Kein Wunder, vermochte ich doch das Meiste noch nicht einmal für mich selbst zu formulieren. Auch meine Gebete enthielten eher Standardfloskeln, als dass sie wieder spiegelten, was in mir vorging.

Sprachfrei werden bedeutet für mich, den emotionalen Panzer zu durchdringen, keine Bedenken zu haben, mich mitzuteilen; jedenfalls innerhalb eines gewissen Rahmens und bestimmter Gegebenheiten. Doch wer nicht gelernt hat zuzuhören, wird niemals reden können. Damit ist nicht gesagt, dass der, der zuhört auch gleichzeitig ein guter Redner ist. Dennoch ist durch Zuhören bestimmt schon mehr erreicht worden, als durch so manche flammende Rede. Manche reden wenig und doch wirken ihre Worte. Andere reden viel und dennoch verschließen sich die Ohren.

Wenn eine Rede ehrlich ist, kann sie etwas bewirken. Ist sie aufgesetzt, orientiert sich kein Mensch an ihr. Die wenigsten Worte wirken durch sich selbst. Sie erfordern die Person - die Persönlichkeit, Authentizität. So sind mir bei AA so manche stockend und stotternd vorgetragene Worte tief in Erinnerung geblieben.

Wie werde ich ehrlich?

Ehrlichkeit ist zuzugeben, dass ich weder Supermann noch ein Schwächling bin. Darauf vertrauen, dass ich so bin, wie Gott mich gewollt hat. Das ist die Basis der Ehrlichkeit.

Ehrlichkeit kommt nicht von selbst. Sie will gelernt, geprobt und trainiert sein. Jedes Geschäft muss mindestens einmal im Jahr Inventur machen. Dabei wird gezählt, verglichen, ausgewertet, bilanziert. Was im Geschäftsbereich so einleuchtend und notwendig erscheint, ist in Bezug auf unsre Gefühle, Lebensweise und Beziehungen zumindest ungewohnt.

Im katholischen Bereich gibt es den Beichtstuhl. In der evangelischen Kirche geschieht Beichte im Gebet, im Gottesdienst, im seelsorgerlichen Zuhören und Begleiten von Christ zu Christ, von Mensch zu Mensch.

Ehrlichkeit erfordert zuerst die Bereitschaft, sich zu öffnen. Sei es einem anderen gegenüber oder einer vertrauten Gruppe, sei es im Gebet vorm Einschlafen oder beim Eintrag ins Tagebuch.

Ehrlichkeit hinterlässt Spuren und sie zeigt Wirkung. Sie muss von mir weg auf andere bezogen sein und doch zuvorderst mich selbst einschließen.

Ehrlichkeit erfordert Loslassen können.

Ehrlichkeit erfordert Demut.

Ehrlichkeit braucht Zeit.

Ehrlichkeit braucht Raum.

Ehrlichkeit soll sein wie ein Ritual: immer wiederkehrend, an eine eingeübte Vorgehensweise gebunden, verabredet, geschützt, vertraut.

Nur, wer dies erfahren hat, kann unbequeme Wahrheiten ansprechen, hat gelernt, von anderen ausgesprochene Wahrheiten, nicht direkt auf sich selbst zu beziehen.

So wirkt Ehrlichkeit reinigend, kraftvoll, auf Zukunft bezogen.

„Ich sprach: Ich will dem Herrn meine Übertretungen bekennen. Da vergabst du mir die Schuld meiner Sünde.“ (Psalm 32, Vers 5)

Anonym leben?

Anonymität ist die spirituelle Grundlage der Gemeinschaft der „Anonymen Alkoholiker". Sie bedeutet gleichzeitig Schutz und Freiraum.

Anonymität ist, mich nicht verstecken zu müssen, offen sein zu können. Ein Widerspruch? Wo heute doch so viel von den negativen Folgen der Anonymität, der Vereinzelung und der Vereinsamung zu hören ist?

In einem Kreis von Menschen, die sich zusammen gefunden haben ihr Leben zu retten, indem sie ihr Innerstes nach außen kehren, bedeutet Anonymität Sicherheit und Schutz. Sie schafft eine Vertrauensbasis, Sichersein, dass nichts, was gesprochen wird, an einen anderen Ort, an andere Menschen geht. In dieser Weise gelebte Anonymität ist wie ein Schutzmantel und gleichzeitig ein spirituelles Prinzip: Jeder Mensch ist mit seinen Werten, seinen Taten letztlich nur Gott und sich selbst gegenüber verantwortlich.

Gerade für Menschen, die jahrelang unter Scham und Reue gelitten haben, ist Anonymität eine Befreiung. Nun können sie endlich zu ihrem inneren Kern vordringen. Sie lernen reden, ohne von vornherein an die Folgen denken zu müssen. Sie werden sprech- und formulierungsfähig; lernen die Blockaden ihrer Gefühle zu überwinden. Der seelische Eispanzer schmilzt.

Doch dazu braucht es die Ohren der anderen, die warmen Blicke, die freundlichen Gesten, die ein Gefühl der Geborgenheit und Vertrautheit vermitteln.

Keiner fällt ins Wort, keiner urteilt, bewertet, droht Strafe oder Vergeltung an. Denn jeder weiß um seine Namenlosigkeit in dieser Welt, die erst dadurch überwunden wird, dass wir durch Gott eine unsterbliche Bedeutung bekommen.

Diese gelebte Anonymität ist die Grundlage wahrer Gemeinschaft.

Wie bekomme ich Selbstvertrauen?

Selbstvertrauen ist die Zuversicht, dass ich mit einer mir gestellten Aufgabe zurechtkomme. Dass ich Vertrauen in mich selbst setze und nicht an mir zweifele. Dass ich zu mir stehe, auch wenn es daneben geht. Dass ich mich aufrichtig freue, wenn mir etwas gelingt. Dass ich mich nicht selbst dafür bestrafe, wenn ich meinen Anforderungen und Erwartungen nicht genüge.

Selbstvertrauen ist, tolerant sein zu können, auch wenn mir andere dies als Schwäche auslegen. Sich selbst vertrauen bedeutet, Konflikten gewachsen zu sein und nicht um jeden Preis Sieger sein zu müssen.

Selbstvertrauen ist, zuhören zu können. Selbstvertrauen ist, mir keine Sorgen zu machen, dass andere mich nicht bemerken könnten. Wer sich selbst vertraut, braucht nicht anzugeben. Er kann bescheiden sein, weil es ihm nicht an sich selbst fehlt.

Wer sich selbst vertraut, dem vertrauen auch andere, weil sie seine Ausstrahlung mögen. Wer sich selbst vertraut ist bereit, sich zu ändern, denn er weiß, dass er dadurch gewinnt. Er kann ehrlich zu sich sein, da er sich nichts vormachen muss. Er kann sich selbst entwickeln, weil er nicht starr steht.
Er kann Ruhe ausstrahlen, weil er nicht der Anerkennung durch andere hinter herlaufen muss.
Selbstvertrauen gibt Zufriedenheit, weil ich letztendlich weiß, dass ich alles wesentliche in mir selbst habe.

Vertraue ich mir selbst, kann ich das Leben dankbar annehmen. Vertraue ich mir selbst, vertraue ich Gott, dass ich bei ihm geborgen bin.
Selbstvertrauen ist das Gefühl, dass es gut ist auf dieser Welt zu sein, hier und jetzt einen Platz zu haben.

Selbstvertrauen ist die Fähigkeit, über mich selbst lachen zu können; mich nicht allzu ernst zu nehmen, aber doch so wichtig, dass ich wiederum in der Lage bin, über andere schmunzeln zu können.
Selbstvertrauen bekomme ich durch das tiefe innere Fundament, das Gott in mir angelegt hat.

Wie kann ich nun das, was mich an mir selber stört, oder mit dem ich nicht zurechtkomme, bewältigen?
Ich stelle mir oft vor, es sitzt auf meiner Schulter: „Hallo, da bist Du ja wieder. Wie geht es Dir heute?
Also schauen wir mal, wie wir miteinander zurechtkommen."
Ich dränge es nicht von mir weg, sondern versuche einen Weg zu finden, wie wir miteinander leben können. Ich versuche, es zu segnen und loszulassen.

Wie gelingt mein Leben?

Gelungenes Leben ist für mich ein Leben, in dem ich weiß wo mein Platz ist. Es ist das Gefühl der inneren Heimat und Geborgenheit.

Wie erreiche ich das? Es gibt ein Gebet, das den Weg zum gelungenen Leben versinnbildlicht: das Vaterunser.

Im „Vater unser“ wird das Bedürfnis des Menschen angesprochen, jemanden bei sich zu wissen, der Schutz und Stärke verspricht. Der erste Vers „Vater unser im Himmel“ drückt aus, dass wir dieses Idealbild des Vaters hier auf der Erde nicht finden werden. Alles diesseitige Vatersein ist endlich und auf Begrenzung angelegt. Gott aber ist und bleibt unser Vater über alle Zeit und menschliche Entwicklungsphasen hinaus.

„Geheiligt werde Dein Name.“ Gott hat uns seinen Namen bekannt gegeben, dass wir wirkliche Beziehung zu ihm aufbauen, dass wir ihn anreden und seinen Namen weitergeben können. Es ist ein Name, der gleichzeitig ein Ausdruck für Gottes Beziehung zu uns ist. „Ich werde sein, der ich sein werde“, offenbart Gott Mose im Buch Exodus seinen Namen (2. Buch Mose 3, Vers 14). Es ist ein Versprechen, das immer gilt, das Beständigkeit und Sicherheit bedeutet. Darin ist es ein besonderer, „geheiligter“ über unsere Erfahrungswelt hinaus gehobener Name. Für mich steht zusätzlich dahinter, dass Gottes Name Heil verspricht. Keine Macht dieser Welt hätte mich von meiner Sucht heilen können. Nur eine Kraft, die mich aus meiner inneren Tiefe und Versunkenheit befreien konnte, war dazu in der Lage.

Sein Heil ist immer da, macht mich von allen menschlichen Beziehungen unabhängig. Es befreit mich, auf andere zuzugehen, meine innere Isolierung zu überwinden.

"Dein Reich komme, Dein Wille geschehe", bedeutet, dass alle menschlichen Machtbereiche, alles menschliche Streben vor Gottes Herrschaftsbereich seine Grenze findet. Eine gesunde Entwicklung, denn alle menschliche Überhöhung wird irgendwann Untergang bedeuten. Wonach wir auch streben und verlangen, was wir haben und besitzen, geht immer irgendwie auf Kosten eines anderen. Die Begrenztheit der Ressourcen, die dieser Welt innewohnende Ungerechtigkeit, wird niemals alle Menschen auf einer chancengleichen Ebene halten können.

Wer auf Gottes Reich und Willen vertraut, wird sich bei aller menschlichen Benachteiligung niemals minderwertig fühlen. Vor Gott wird er immer seine Würde, den inneren Reichtum behalten und dies: „... wie im Himmel so auch auf Erden."

Wir werden immer abhängig sein von irdischen Gegebenheiten. Nur von geistiger, seelischer Nahrung können wir nicht existieren. Es braucht auch etwas Handfestes im Magen und etwas warm haltendes am Körper. Gerade für den Suchtkranken, der so leicht ins Extreme fällt, ist es während seines Heilungsprozesses wichtig, das rechte Maß in Bezug auf die inneren und äußeren Bedürfnisse zu finden. „Unser täglich Brot gibt uns heute" mahnt, unsere irdischen Gegebenheiten ernst zu nehmen. Dass die Sorge um das Irdische nicht überhand nimmt, dafür steht das „Heute". 24 Stunden am Tag sind ein Zeitraum, den jeder überblicken kann. Wenn das Heute zählt wird das Vergangene relativ, die Zukunft verliert ihre Bedrohlichkeit, das Heute aber gewinnt seine volle Bedeutung, hilft uns hier und jetzt, jeder zu seiner Zeit, an seinem Ort, voll im Leben zu stehen.

„Und vergib uns unsere Schuld, wie auch wir vergeben unseren Schuldigern." Immer mehr Menschen leiden unter Schuldgefühlen. Dabei gibt es meist keinen konkreten Anlass und wenn, dann einen, der nicht im Verhältnis steht zu den negativen Emotionen. Es ist vielmehr wie eine undefinierbare Masse, eine Ahnung, die aus der Vergangenheit kommt und positive Energie hindert. Doch woher kommen diese Strömungen? Ich vermute daher, dass niemand mehr da ist, dem wir die Fähigkeit oder die Macht zutrauen, wirklich Schuld zu vergeben. Doch wer sollte es sein, wenn nicht Gott? Wer sollte es sein, wenn ich selbst nicht in der Lage bin, mir Schuld zu vergeben? Und wie sollte es mir gelingen, wenn ich nicht ein sicheres Gefühl des Urvertrauens in mir trage? Ich kann meiner Angewiesenheit auf Gott nicht entkommen. Je mehr ich es versuche, werde ich mich in Schein- oder Schattenwelten verlieren. Jedenfalls muss ich dann eine Menge Energie aufwenden, um mein Leben halbwegs gelebt zu bekommen. Wieso eigentlich, wenn mir der Weg zu Gott als Geschenk offen steht? Er verlangt keine Gebühr, keine Mühe, nur offenherzige Bereitschaft. Wenn ich dies in mir verspüre, werde ich ohne weiteres in der Lage sein, anderen zu vergeben. Wenn ich um meine Fehlbarkeit weiß, werde ich dies auch meinen Mitmenschen zugestehen. Vieles in meinem Leben ist Gottes Führung zu verdanken, seiner schützenden Hand. So bin ich froh und dankbar, dass ich mit meinem Auto noch keinen Menschen verletzt habe; dass keines meiner Worte langfristig Unglück hervor gerufen hat; dass keine meiner Handlungen auf Dauer bedrohlich wirkte; dass ich keine Entwicklung genommen habe, die auf mich oder jemand anderes langfristig zerstörerisch gewirkt hat.

„Und führe uns nicht in Versuchung, sondern erlöse uns von dem Bösen." Vor einiger Zeit habe ich einen Freund verloren, ihn beerdigen müssen. Seine Frau hat ihn gefunden, mit einem Seil um den Hals von der Decke seiner Werkstatt hängend. Über Jahrzehnte hat er versucht, ein nüchternes, zufriedenes Leben zu führen. Er hat verzweifelt gekämpft, jede nur denkbare Therapieform ausprobiert. Er hat Selbsthilfegruppen besucht. Er ist vorzeitig in den Ruhestand gegangen. Er hat Ballast abgeworfen, sein Leben geordnet, ist in Urlaub gefahren und in Einkehrtage, hat sich vieles gegönnt, hat versucht, für sich und andere Gutes zu tun. Doch bei allem, was er getan und gemacht hat, ist ihm eins nie gelungen: los zu lassen. Bei all seinen Versuchen und Aktivitäten ist er nie zu der Einsicht gekommen, dass der Weg des Heils, der Gesundung und letztlich der Zufriedenheit, nur als Gottes Geschenk zu bekommen ist: „unverdient allein aus Gnade". So gelang es meinem Freund nie, die Macht des Bösen, des Selbstzerstörerischen, in sich fesseln zu lassen, es von Gott wegnehmen zu lassen.

Versuchungen gibt es eine Menge für uns, gerade wenn wir das Heil in uns selbst und durch uns selbst suchen. Doch Erlösung gibt es nur durch und bei Gott. Möge mein Freund nun den Frieden und die Ruhe gefunden haben, nach denen er in seinem irdischen Leben so verzweifelt gesucht hat

„Denn Dein ist das Reich und die Kraft und die Herrlichkeit in Ewigkeit."
Was erwarte ich mir von Gottes Reich? - Wärme. Ich glaube, es ist das Grundbedürfnis der meisten Menschen, Wärme in sich zu spüren. Eine Wohligkeit, ein Gefühl der Geborgenheit, wie wir es wohl nur aus Kindestagen kennen. Angenommen sein, mit Freuden begrüßt, nur weil ich da bin. Kein Reichtum, keine Machtentfaltung dieser Welt kann uns dieses Gefühl zurück geben, hier und jetzt geborgen, getröstet, geliebt zu sein, wie Mutter und Vater uns dies entgegen gebracht haben. Haben sie es nicht getan, weil sie dazu nicht in der Lage waren, so haben es hoffentlich andere stellvertretend für sie getan. Wie auch immer, wenn wir älter werden merken wir, dass diese Zeit unwiderbringlich vorbei ist. Doch es bleibt die Sehnsucht danach. Eine Sehnsucht, die wir von uns aus nicht zu stillen vermögen. Kein Mensch, kein Suchtmittel wird dem Verlorenen gerecht werden.

Gottes Reich ist ein geschenktes. Genauso, wie unser Leben ein Geschenk ist. Nur mit Hingabe und Annahme werden wir es zu würdigen wissen, können wir seine heilvolle Kraft auf unser Leben beziehen, Erlösung erfahren, „die Kraft und die Herrlichkeit in Ewigkeit." Auf immer, über alle unsere Zeitbegriffe hinaus, bekommen wir dies zugesprochen. Gerade darin ist es kein zeitloses, undefinierbares

Etwas. Es wirkt ganz konkret in unsere Zeit hinein. Wir müssen uns nur in die Ausgangslage versetzen, dies zu erkennen.

Wie können wir dies? Durch Gebet und Besinnung. Das Gebet umfasst die Bitte, aber auch das, was wir zu geben haben, was wir mit einbringen können. Es ist von vornherein auf Beziehung ausgerichtet. Es braucht Person und Ort, um in die Tiefe zu gehen, um den Alltag tragen zu helfen. Die langfristige Wirkung des Gebetes entfaltet sich gerade in der Alltäglichkeit. Jedes Stoßgebet, jedes Flehen in Notsituationen hat Wirkung, doch Gottes Richtungsweisung für unser Leben werden wir nur in immer wieder kehrenden Ritualen erschließen können. Dazu kann das Gebet kurz vor dem Einschlafen gehören, der Dank am Morgen, die Besinnung in einem Kirchraum, das zeitweise sich öffnen an einem Ruhepunkt, das Gespür für die Besonderheit des Sonntags, die bewusst empfundene Stille der Natur .... Formen und Möglichkeiten gibt es eine Menge, doch sollten sie bewusst gewählt und gesucht sein. Unsere immer lauter, verschmutzter und greller werdende Welt erfordert Oasen der Ruhe, der Stille. Tankstellen der Seele, um Gottes Kraft auf uns wirken zu lassen.

Gehen uns diese Orte und Zeiten verloren versinken wir in Ablenkung, sind unsere Seelen in Gefahr. Statt unseren inneren Reichtum zu erfahren, werden wir arm aus dieser Welt gehen, für immer gebunden an die scheinbaren Güter und Realitäten dieser Welt. Alles, was wir hier für wertvoll und wirklich halten, ist für Gott ein Nichts. Es sei denn, es ist von ihm und durch ihn gesegnet, in seiner Liebe zu uns Menschen.

Mögen wir diesen Segen, seine Wärme, sein Licht, seine Kraft in unserem Leben erfahren.
So sei es.

Das Vaterunser:

„Wenn du aber betest, so geh in dein Kämmerlein und schließ die Tür zu und bete zu deinem Vater, der im Verborgenen ist; und dein Vater, der in das Verborgene sieht, wird dir´s vergelten. Und wenn ihr betet, sollt ihr nicht viel plappern wie die Heiden; denn sie meinen, sie werden erhört, wenn sie viele Worte machen. Darum sollt ihr ihnen nicht gleichen. Denn euer Vater weiß, was ihr bedürft, bevor ihr ihn bittet. Darum sollt ihr so beten: Unser Vater im Himmel! Dein Name werde geheiligt. Dein Reich komme. Dein Wille geschehe wie im Himmel so auf Erden. Unser tägliches Brot gib uns heute. Und vergib uns unsere Schuld, wie auch wir vergeben unsern Schuldigern. Und führe uns nicht in Versuchung, sondern erlöse uns von dem Bösen. Denn dein ist das Reich und die Kraft und die Herrlichkeit in Ewigkeit. Amen.“ (Evangelium des Matthäus 6, Verse 6-13)

Gott liebt mich?

Es gibt Momente, in denen fühle ich mich klein und unzureichend. Zwar bin ich schon einige Jahre trocken, dennoch holt mich meine Vergangenheit immer wieder ein. Und das ist gut so. Denn so vergesse ich nicht „aus welchem Stall“ ich komme. Ich kriege mein Leben bis heute nicht richtig auf die Reihe. Und das ist gut so, denn so merke ich, dass ich eine Höhere Macht in meinem Leben brauche. Noch immer vergleiche ich mich mit anderen und fühle mich minderwertig. Das ist gut so, denn so merke, dass nur meine Höhere Macht meinen Wert bestimmt. Immer wieder fühle ich mich einsam und unverstanden. Das ist gut so, denn das treibt mich zur Gemeinschaft der AA, zu dem Kreis von Menschen, die mir das Gefühl geben, verstanden zu werden.

Vieles von dem, was ich früher als Handicap ansah, führt mich heute zum Heil, zu einem in großen Zügen zufriedenem Leben.

Dazu gehört auch, dass ich nicht nach immer neuen Methoden und Heilswegen suche, sei es psychischer oder spiritueller Art. Ich verlasse mich darauf, dass der Weg des Glaubens, den Menschen seit Jahrtausenden gegangen sind, auch für mich der richtige ist. Meine Höhere Macht ist Gott. Meiner evangelischen Kirche und ihrem Bodenpersonal vertraue ich – in Grenzen. In etwa ist dies nämlich der gleiche Verein wie AA: Es menschelt dort gewaltig, keiner ist heiliger als der andere und zur Erlösung sind doch alle auf Gott angewiesen. Punkt.

Zu einem spirituellen Leben gehört für mich, gezielt Inventur zu machen, dann einen Schlussstrich zu ziehen; mein Leben vertrauensvoll in Gottes Hand zu legen. Spirituelles Leben bedeutet für mich Gebet und Besinnung, wie im elften Schritt beschrieben. Ich merke doch selbst, dass, wenn ich in dieser Beziehung schludere, innerlich ins Schlingern gerate, mich irgendwann selbst nicht mehr ausstehen kann. Ich vertraue auf einen Gott, der mich liebt, damit ich mich selbst lieben kann. Im Gottesdienst, in Meditationszeiten im Kirchenraum oder zu Hause erinnere ich mich daran. Tue ich dies nicht, merke ich, dass meine Demut ins Wanken gerät. Dann kommen Blitzgedanken, mein Leben selbst wieder im Griff zu haben. Wenn ich nicht aufpasse führt mich dies irgendwann zu der Vorstellung, wieder trinken zu können, natürlich „kontrolliert".

Meine Zugehörigkeit zu AA sehe ich als Dienst, dienend mir selbst und den Freunden und Freundinnen am Tisch. Dies bewahrt mich davor, innerhalb der Gemeinschaft nach Höherem zu streben oder mich über andere erheben zu wollen. Die Gruppe ist für mich die wichtigste und kleinste Zelle, die den ganzen Organismus am Leben hält. Mich einreihen, unterwerfen zu können, gehört zum spirituellen Leben. Mir ist Dankbarkeit geschenkt für ein zweites Leben. Das Erste hätte schon vor Jahren böse enden können, bedroht von geistigem, seelischen und körperlichen Verfall.
Spirituelles Leben heißt für mich, von Gottes Geist getragen zu sein, diesen Geist zu teilen und wach zu halten. Darauf zu vertrauen, dass es mit meiner Höheren Macht, meinem Gott, gut ist. Dass Gott mich liebt. Das ist meine Lebensgrundlage.

Suchtkrank in der Kirche?

Es ist schon paradox: Da will man jemandem, der oder die ernsthaft krank ist, aus christlicher Nächstenliebe helfen und das Einzige, was wirklich weiter bringt ist, los zulassen, keine weitere Unterstützung gewähren, klare Grenzen setzen.

„Sucht ist verschlagen, trügerisch, mächtig", warnt AA. Das Tückische der Sucht ist, dass sie den Erkrankten so machtvoll im Griff hat, dass alle menschlichen Hilfsbemühungen ins Leere laufen bzw. sich ins Gegenteil verkehren. Konkret bedeutet dies beispielsweise: Wenn Mitglieder einer Kirchengemeinde die Suchterkrankung ihres Pfarrers oder eines anderen Mitarbeiters über Jahre entschuldigen, Vertretung für ihn besorgen, seine Arbeiten übernehmen, den Toleranzrahmen immer weiter stecken, verlängern sie den Leidensweg. Der Suchterkrankte verliert dadurch zunehmend die Kontrolle über sein Leben, fühlt sich entmündigt. Allein kann er sich aus dieser Misere nicht befreien. Nur, wenn Gott die Macht über sein Leben gewinnt, hat er Chancen zu genesen. Voraussetzung dafür ist die Einsicht in das eigene Scheitern, die Kapitulation vor der Sucht, eine umfassende und lebenslange Einstellung der Demut. „Dein Reich komme, Dein Wille geschehe. Wie im Himmel so auf Erden", heißt es im Vaterunser. Wer zu dieser Einsicht kommt, hat die Chance auf ein suchtfreies und letztlich auch zufriede-

nes und gelingendes Leben.
Doch dies erfordert Einsicht in das, was der Apostel Paulus in Römer 7 beschrieben hat: „Wollen habe ich wohl, aber das Gute vollbringen kann ich nicht. Denn das Gute, das ich will, das tue ich nicht; sondern das Böse, das ich nicht will, das tue ich.“

Wenn ein Suchtkranker nicht klare Grenzen gesetzt bekommt, wird er sich immer wieder in dem Dilemma befinden, seinen Ansprüchen nicht gerecht zu werden. Jeder Schwur, jedes gebrochene Versprechen wird ihn tiefer in seine Sucht versinken lassen. Jede Hilfestellung oder gut gemeinter Ratschlag wird ihm immer wieder sein Scheitern und seine Unterlegenheit vor Augen führen. Am Ende dieses Kreislaufes kann nur stehen: Kapitulation oder Tod. Dies gilt sowohl für stoffliche Süchte, wie die Alkohol- oder Drogensucht, genauso wie für so genannte nichtstoffliche Süchte, wie Spielsucht, Ess- und Brechsucht oder auch Arbeitssucht.

In der Arbeitswelt helfen dem Erkrankten, zumindest bei stofflich gebunden Süchten, „Betriebsvereinbarungen“. Selbsthilfegruppen wie das Blaue Kreuz, der Kreuzbund oder die Anonymen Alkoholiker führen weiter. Unter anderem gibt es dort spezielle Gruppen für Angehörige.
Aber, ob in der Arbeitswelt oder privat, dem Suchtkranken hilft nur eins: Ehrlichkeit. Das Ausmaß aller beruflichen, familiären, sozialen, körperlichen, geistigen, psychischen Konsequenzen muss ihm vor Augen geführt werden. Dennoch bleibt letztlich nur das Hoffen auf Einsicht, auf den geistigen Wendepunkt, den Tiefpunkt und das bange Warten darauf, dass Gott sich in dem Schwachen als mächtig erweist.

Als Seelsorger lege ich Wert darauf bei Begegnungen mit Suchtkranken, die Bibel bei mir zu haben. Sie symbolisiert, dass all unser Tun und Streben letztlich in Gottes Hand liegt; dass wir auf seine Gnade hoffen und unser Leben als Geschenk betrachten dürfen. In dieser Demut liegt Freiheit, Loskommen von der Sucht, würdiges Leben. Im Unterschied zum Therapeuten verweist der Seelsorger auf ein Höheres, auf die göttliche Kraft, die aus der Schwachheit hilft. Die sich damit aufbauende Beziehung kann aber nur gelingen wenn beide, Kranker und Seelsorger, sich in Demut vereint wissen: der Suchtkranke in der Schwachheit gegenüber seiner Krankheit und der Seelsorger in Bezug auf seine Hilflosigkeit. Beide bekommen ihre Stärke durch das Vertrauen auf Gott. Beide dürfen sich in ihrem Misslingen aufgehoben fühlen, befreit von Perfektionsdrang oder Allmachtsgefühlen, befreit von den Schuldgefühlen des GESTERNS, befreit von der Angst des MORGENS, in Zuversicht auf das von Gott geschenkte HEUTE.

Der Evangelische Erwachsenenkatechismus definiert Sucht als „Lebenshunger oder Lebensdurst. Damit ist ein unbestimmtes Suchen nach Erfüllung, eine Sehnsucht über den Augenblick hinaus gemeint.“ Doch je größer der Hunger oder der Durst, je mehr entgleitet dem Erkrankten das Leben.
Das schwierige bei der Suchterkrankung ist allerdings, dass sehr schnell mit den Kategorien Gut oder Böse geurteilt wird, der Suchtkranke als moralisch verworfen erscheint. Dabei ist sein Handeln Ausdruck seiner Krankheit. Nur, dass diese Krankheit nicht durch Tabletten oder Anwendungen zum Stillstand gebracht werden kann, sondern allein durch eine innere Umkehr, ein Einsehen. Doch genau dies macht die Situation für den Erkrankten, die Angehörigen, Kollegen, aber auch professionelle Helfer so schwierig. Immer stehen sie selbst vor ihren eigenen Grenzen und werden mit ihrer Hilflosigkeit konfrontiert.
Der Seelsorger sollte deshalb im Blick haben, dass Sucht eine umfassende Komponente hat, die das gesamte Umfeld des Erkrankten einschließt.

Sowohl der Erkrankte als auch seine Angehörigen sollten Annahme erfahren. Die Aufnahme in die christliche Gemeinschaft steht gegen die Ängste des Verlassenseins, der Einsamkeit. Gemeindliche Kreise und Gruppen sollten sich vorurteilslos und sensibel öffnen. Selbsthilfegruppen könnten Räumlichkeiten angeboten werden. Zudem sollte im Presbyterium überlegt werden, wie das Abendmahl gereicht werden kann, ohne Suchtkranke zu „outen“. Ein gemeindliches Abendmahl nur in der Gestalt von Brot und Wein, kann einen Alkoholiker in enorme Gewissenskonflikte bringen und zudem starke Gefühle des Ausgegrenztseins hervorrufen. Jeder Alkoholkranke ist nur ein Glas, oder einen Kelch, vom Rückfall entfernt!

Flucht in die Krankheit?

„Denn was hülfe es dem Menschen, wenn er die ganze Welt gewönne und nähme an seiner Seele Schaden?“ (Markus 8, Vers 36)

Lahme, Blinde, Taube, Stumme, Gelähmte, sogar die Angehörigen von Toten bitten Jesus um Hilfe. Im

Neuen Testament wollen die Menschen, die Jesus begegnen gesund werden. Doch Jesus heilt nicht nur den Leib, sondern vorrangig die Seele. Haben wir 2000 Jahre später eine andere Ausgangssituation?
In Deutschland haben wir im europäischen Vergleich eine relativ gute Ärztedichte, im Schnitt über 300 praktizierende Ärzte auf 100.000 Einwohner. Vorsorgeuntersuchungen werden bezahlt, Medikamente und Anwendungen in ausreichenden Maßen verschrieben. Dennoch scheinen die Menschen immer kränker zu werden. Nach einer Studie der Technischen Universität Dresden wird jeder vierte Bürger der EU innerhalb eines Jahres seelisch krank. Psychosen und Angstzustände sind weit verbreitet. Über achtzig Millionen EU-Bürger leiden an Störungen von Alkoholsucht bis Zwangssyndromen. Dadurch fallen jedes Jahr Kosten von 300 Milliarden Euro an, 132 Milliarden allein für vorgezogene Ruhetage oder Ausfalltage. Zudem greifen immer mehr Jugendliche zu so genannten Designerdrogen, Amphetaminen oder Ecstasy.

Wer flüchtet, dem sitzt die Angst im Nacken, der will nicht erwischt werden. Bei der Flucht in die Sucht oder andere Krankheiten scheint ähnliches vorzuliegen. Die Einen kommen mit den zunehmenden Anforderungen der Alltags, dem Leistungsdruck, nicht mehr zu recht. Sie suchen Ruhe und Entspannung, flüchten sich in Traumwelten, sind anfällig für Ablenkungen und stoffliche Tröster. Andere sehnen sich nach Gemeinschaft und Anerkennung.

Wer durch Flucht in die Sucht oder in eine andere Krankheit die Lösung sucht, sendet gleichzeitig ein Hilfesignal: Nehmt doch endlich wahr, wie dreckig es mir geht. Ich schaffe es nicht mehr allein. Doch wo kaum noch funktionierende Familiensysteme existieren, gesellschaftliche Strukturen immer wechselhafter ausfallen, werden die SOS-Zeichen nicht wahrgenommen, werden übergangen, fallen lästig. SOS - save our souls. Rette unsere Seelen, bedeutet dieses internationale Kürzel. Darin scheint altes Wissen verborgen. Es geht in erster Linie nicht um die Rettung des Leibes, sondern um die Seele als Lebensträger. Es geht genauso um die rettende Tat, wie um das Gebet für den anderen, das Mitfühlen, den seelischen Beistand.

Von Jesus sind die Worte überliefert: „Denn was hülfe es dem Menschen, wenn er die ganze Welt gewönne und nähme an seiner Seele Schaden?“ (Markus 8, Vers 36) Für mich liegt in diesen Worten der Schlüssel zu einem gesunden Leben verborgen. Unser heutiger Blickwinkel ist viel zu sehr auf die körperliche Gesundheit gerichtet. Die seelischen Aspekte kommen zu kurz. Wir sind gewöhnt, jeden Tag unsere Zähne zu putzen, wir betreiben Körperpflege, waschen uns, versuchen uns, gesund zu ernähren. Doch treiben wir regelmäßig seelische Hygiene? Wie sieht es aus mit unseren stillen Zeiten am Morgen? Segnen wir den Tag und unsere Mitmenschen? Sprechen wir ein Dankgebet vor den Mahlzeiten? Bitten wir vor langen Autofahrten oder Prüfungen um Gottes Beistand?

Lassen wir abends den Tag Revue passieren und vertrauen uns Gott für die Nacht an? All dies gibt ein sicheres Fundament, hilft uns, nicht zu wanken und offen zu sein für Begegnungen. Wir sind nicht Christen, um materiellen Werten hinterher zu jagen oder unser Glück in kurzfristigen Vergnügungen zu suchen. Wir haben Gottes Schatz anvertraut bekommen: Das Geschenk unserer unsterblichen Seelen. Wir brauchen uns nicht zu verstecken oder zu flüchten. Ganz im Gegenteil. Wir können offenen Herzens und freudig nach vorn blicken. Sicher geborgen in dem Bewusstsein, dass Gott bei uns sein wird in allen Krisen, in den schönen und schweren Zeiten unseres Lebens. Versprochen hat er uns dies in der Menschwerdung seines Sohnes. Vertrauen wir darauf!

In der Ruhe liegt die Kraft?

„Lebendig und kräftig und schärfer", lautete das Motto des evangelischen Kirchentages 2007 in Köln - für viele Menschen Wunschvorstellung. Stattdessen fühlen sie sich starr, schlapp, stumpf.
Doch die Zusage des Bibelverses aus dem Hebräerbrief (4,12) kann für sie Wirklichkeit werden. Im ersten Moment könnte man meinen: wenn es funktionieren soll, dann ja wohl nur nach dem Motto „Hintern hoch und angepackt". Doch diese Sprüche á la: „Nun reiß Dich aber mal zusammen", sind Abwinker. Wer wirklich leer gebrannt ist, des Lebens müde, ist damit nicht anzusprechen.
Ich schlage einen anderen Weg vor. Er führt zur inneren Kraftquelle. Dorthin gelangt man durch Ruhe, Stille, Besinnung. Das Problem ist nur, dass es gerade bei überlasteten Menschen innerlich so laut ist, dass sie dicht machen. Sie schotten sich ab von anderen Menschen, von den Anforderungen des Lebens, von sich selbst und letztlich auch von Gott.

Die Impulse eines Kirchentages können neu beleben, Gemeinschaft und wieder erwachte Spiritualität fühlen lassen. Doch jeder, der auf einem Kirchentag war, weiß auch, wie schwer es ist, wieder in die Normalität des Alltags, der Kirchengemeinde zurück zu kommen.
Deshalb schwebt mir etwas „Alltagstaugliches" vor: Das Jesusgebet, auch Herzensgebet genannt. In

der Orthodoxen Kirche ist es bis heute weit verbreitet.

Zurück geht es auf das frühe östliche Mönchtum. Meditiert, teils laut gesprochen, teils unhörbar, innerlich, wurden knappe Bibelzitate, meist Psalmverse. Später wurde es üblich, den Satz: „Herr Jesus Christus, erbarme Dich meiner“ zu rezitieren. Angelehnt ist dies an die Geschichte des blinden Bettlers Bartimäus, im Markusevangelium 10,47. Bartimäus schrie so lange: „Jesus, du Sohn Davids, erbarme dich meiner!“, bis Jesus wohl gar nichts anderes übrig blieb, als ihm das Augenlicht erneut zu schenken.

Es ist eine Geschichte, die mit einem Augenzwinkern weiter erzählt werden kann, doch sie trifft den Kern des Herzensgebetes: nicht aufhören zu beten, zuversichtlich auf die innerliche oder äußerliche Veränderung warten, sich dabei Gott anvertrauen.

Drei Phasen des Herzensgebetes gibt es: Die Erste besteht aus häufigem mündlichen Rezitieren; die Zweite aus dem innerlichen Gebet. Die Dritte umfasst selbständiges Beten im Rhythmus der Atmung und des Herzschlags.
Besonders die dritte Form erfordert langes Üben und sollte nach Möglichkeit in Verbindung mit einem Meditationskreis angeleitet werden. Doch für die erste und zweite Form kann man sich eigenständig Zeit und Ort suchen. Hilfreich ist es, dabei eine Meditations- oder Gebetshaltung einzunehmen, sich bewusst, entweder allein oder mit anderen darauf einzulassen.

Für mich habe ich entdeckt, dass das Herzensgebet überall anwendbar ist und mitgenommen werden kann: Beim Fahrrad- oder Autofahren, beim Spazieren, während der Arbeit, in der Freizeit. Es hilft mir insbesondere in Situationen, in denen ich mich ausgeliefert oder überfordert fühle.
Es ist wie eine beinahe unmerkliche Wandlung, geschehend im Prozess, ein Gefühl der Vertrautheit, der Sicherheit, des Dazugehörens. So ähnlich also, wie auf einem Kirchentag, nur alltäglich einsetzbar.
Gesundheitlich positiv wirkt sich das Herzensgebet auf Herz und Lunge aus, untersucht wurde dies in einer Studie der Universität Padua. Durch den Rhythmus des Gebetes sinkt die Atemfrequenz auf sechs Atmungen in der Minute. Dies ergibt eine gute Übereinstimmung mit dem Herzrhythmus. Konzentration und Ruhe stellen sich ein.

Wir Menschen sind auf Gottes Gnade angewiesen, gesundheitlich, seelisch, als Menschen. Darum sollten wir nicht aufhören zu beten, für uns und andere. Auf dass wir „Lebendig und kräftig und schärfer“ werden, bei Gott zur Ruhe kommen.

Eine Reise in die Mitte meines Selbst?

Was will ich eigentlich erleben, wenn ich nach Asien, Amerika, oder irgendwo in den Süden jette? Zusammengerafft auf ein paar Wochen schlucke ich Eindrücke, Mentalitäten, Anstrengendes und Kurioses. Verdauen kann ich den ganzen Mischmasch der Bilder und Gedanken meist erst viel später, wenn überhaupt. Darum habe ich mich auf die Reise in ein Abenteuer gemacht, das mich anstatt auf ferne Kontinente in ungeahnte Versenkungen führen sollte. Dabei fing alles ganz unspektakulär an. Nicht auf einem Airport oder Hochseehafen, sondern auf einem Meditationskissen.

Ich dachte mir: Mach doch einmal Meditation, anstatt in die Ferne zu schweifen. Doch leichter gesagt als getan. Wie anstrengend entspannen sein kann wurde mir bald klar.
Im Meditationskurs hieß es erst einmal, auf einem Meditationskissen oder Kniebänkchen die richtige Position finden. „Denkt euch, der Kopf wäre an einem Faden aufgehängt. Lasst die Schultern locker und atmet in die Körpermitte. Denkt an nichts, vertraut euch nur der Stille an.“ Nach diesen salbungsvollen Worten leitete ein tief klingender Gong die erste Phase der Ruhe ein. Die ersten fünf Minuten waren angefüllt von Neugierde, schauen auf die Mitprobanten und Wahrnehmen des Kapellenraumes. Nach zehn Minuten zwickte das erste Mal das Knie, ein Krampf im Spann kündigte sich an und die Gedanken schwankten zwischen Langeweile und Verwirrung. Sich einmal nicht auf eine Arbeit, ein Thema, oder Gespräch zu konzentrieren, ist ungewohnt. Der Geist will sich irgendwo festklammern, soll es aber nicht. Je mehr ich versuchte, an nichts zu denken, um so lauter wurde es im Kopf. Zwanzig Minuten Stille können ziemlich lang sein. Das erlösende Surren des digitalen Weckers kam mir somit eher als Erlösung denn als Ruhestörer vor.

Ist es aber wirklich nachahmenswert, sich steifen Knochen und zwanghafter Stille auszusetzen? - Genau weiß ich es bis heute nicht. Aber bei den Meditationseinheiten ist etwas passiert, das ich seitdem immer wieder suche und bewusst pflege. Ich würde es mit einem Moment, oder vielmehr einem kurzen Empfinden von Ruhe und Frieden beschreiben, das sonst nur schwer im Alltag zu finden ist. Wenn die

Gedanken zur Ruhe kommen und sei es nur für Sekunden, kommt ein Bewusstsein dafür auf, dass es weitaus mehr gibt, als das, was wir gemeinhin für Realität halten. Und damit beginnt das Abenteuer der Reise in die Mitte. Allerdings, die Grundvoraussetzung ans Ziel zu kommen, ist Disziplin. Jeden Tag Zeit für sich selbst zu reservieren, sich von nichts ablenken zu lassen, sich gegen Termine und Zeitdruck zu stemmen, erfordert Durchhaltevermögen. Aber für mich ist es, wie ein Kurzurlaub, den ich mir gönne, weil ich es mir wert bin, mir täglich etwas Gutes zu tun. Wie ich diese Meditationszeiten fülle, bleibt mir selbst überlassen. Ob ich in Erinnerungen schwelge, Reisebilder und Urlaubseindrücke aufkommen lasse, mich in Träumereien verliere, oder ein Gebet spreche, ist allein meine Sache. Es gibt nur die Regel, sich an nichts zu klammern oder festzuhalten, sondern alles im Rhythmus des Atems fließen zu lassen. Hilfreich ist es, sich nur auf seine Sinne zu konzentrieren, entweder nur zu hören, oder nur zu fühlen.

Wenn ich zehn Minuten mit gekreuzten Beinen im Gras sitze oder in einer meiner sonstigen „stillen Eckchen", werden die Stimmen um mich und in mir leiser und verlieren sich im Rauschen der Baumwipfel und dem sanften Streicheln des Windes über leicht wogendem Gras. Ich sitze auf meinem stillen Flecken, lasse alles weitere an mir vorüber ziehen, wissend, dass all dies nur den Moment bestimmt, aber dennoch im Fließen ist, mich nicht berührt und dennoch da ist. Dann fühle ich, dass ich in diese Welt gehöre und doch im gleichen Atemzug nur ein vergänglicher Teil von ihr bin. Zudem gibt es mir das Gefühl, dass der Tag eine Mitte und ein Ziel hat, egal wo ich gerade bin, auf der Arbeit, auf Dienstreise, im Urlaub, im Alltag.

Noch einmal zurück zur Ausgangsfrage: Was will ich eigentlich erleben, wenn ich auf Reisen gehe? Meine Gedanken dazu: Ich möchte ein Stück von mir selbst erleben und wahrnehmen, das mir in meinem Alltag verschüttet oder verloren gegangen zu sein scheint. Von dem Fremden, das mich umgibt, erhoffe ich, das es meine eigene Fremdheit überwindet.
Schon komisch, dass jede Reise, jedes Suchen nach Wärme, Geborgenheit, Schutz, bei mir selbst anfängt.

Wer ist der Boss?

Wer ist der Boss? Gott oder mein dicker Kopf? Eine Frage, die ich mir jeden Morgen stelle, stellen muss. Kaum habe ich die Augen geöffnet, prasseln die Gedanken auf mich ein: Was ist heute zu tun? Was will ich? Was wollen andere von mir? Schaffe ich das überhaupt alles? Sollte ich nicht doch besser im Bett liegen bleiben und die Decke über den Kopf ziehen?

Dann ist es höchste Zeit für mich, auf mein Meditationsbänkchen zu gehen, eine Kerze anzuzünden, ein Kreuz zu schlagen und Luthers Morgensegen zu beten. Der wichtigste Satz darin ist für mich: „Denn ich befehle mich, meinen Leib und Seele und alles in deine Hände." Ich gebe damit zu, dass ich machtlos bin, den Tag aus eigener Kraft zu überstehen und vertraue mich Gott an. In diesen fünf bis zehn Minuten am Morgen versuche ich, heraus zu finden, was Gott an diesem Tag von mir will, nicht was ich will, was andere wollen. Ich stelle mich sozusagen zu seiner Verfügung, stelle mich in seinen Dienst.

Das Merkwürdige daran: Dadurch, dass ich mein Ego hinten anstelle, fühle ich mich besser. Martin Luther formulierte: „Alsdann mit Freuden an dein Werk gegangen."
Es ist das Prinzip des Loslassens, mit dem ich versuche, den Tag zu beginnen. Es ist so, als ob ich den Schalter umlege, um an Gottes Energiestrom teil zu haben. ER ist der Boss. ER soll sagen, wo es an diesem Tag lang geht.

Dann geht es los. Ab in den Tag. Da wird der Sohnemann wach. Die Frau will sich endlich auch mal duschen. Die passenden Klamotten für den Tag raus suchen. Auf den Aufzug warten. Fahrrad oder Auto aus der Garage. Mit dem guten Vorsatz, heute nicht über die anderen Verkehrsteilnehmer zu fluchen, sondern ihnen verzeihend zu begegnen, auf die Arbeit. Computer anstellen, Telefonate führen, E-Mails beantworten, Termine, Gespräche führen und eine Info nach der anderen aufnehmen, passieren lassen, speichern. Ab mittags möchte ich mir ein Schild an die Stirn heften: Wegen Überfüllung geschlossen! Dann frage ich mich: Was treibst Du hier überhaupt? Ist das das Gottes Wille für diesen Tag?

Wieder brauche ich stille Zeit für mich, Gelegenheit, dass die Seele meinen Gedanken nachkommen kann, wieder aufnahmebereit zu sein, für Gottes Wort.
Manchmal beneide ich die Mönche einer Benediktinerabtei, in der ich vor einiger Zeit eine Woche leben durfte. Ihr Tagesablauf, der sich nach den gemeinsamen Gebetszeiten richtet, strahlt eine Ruhe und

Gleichmäßigkeit aus, die ich mir für mein Leben wünsche. Dabei war es für mich ein Aha-Erlebnis zu erfahren, dass die Mönche alle einem regulären Beruf nachgehen. Im Prinzip also den gleichen Tagesanforderungen ausgesetzt sind, wie ich selbst. Doch durch die Strukturierung in Morgengebet, Mittagsruhe, Abendsegen, kann ich meinen Alltag ebenso gestalten, kann den Tag geistlich durchleben. Zu Hause, im Büro, selbst unterwegs, suche ich mir Gebetsnischen. Orte, an die ich mich zurückziehe. Ich gestalte sie durch eine Ikone, ein Foto, einen Sinnspruch im vor mir liegenden Terminkalender, durch das Aufschlagen des Losungsheftes im Bahnabteil, durch das Aufsuchen einer Kirche am fremden Ort, durch das Ausruhen auf einer Parkbank. Wenn es das Wetter erlaubt, fahre ich abends mit dem Fahrrad, setze mich ins Gras, höre und schaue.

Dass, so zu leben, Sinn macht, bekam ich neulich von einer ganz anderen Richtung bestätigt. Der Kernpunkt eines Zeitmanagementtrainings bestand darin, sich nicht den Tag bis oben hin mit Terminen und Anforderungen voll zu laden, sondern dreißig Prozent Pufferzonen einzuplanen. Eine Vorstellung, die der Mehrzahl der versammelten Kollegen einen gehörigen Schrecken einjagte: „Dann bekomme ich ja gar nichts mehr erledigt! Wo soll ich die Zeit denn her nehmen?!"

In der Folge sind wir die einzelnen Tagesabläufe durch gegangen. Das Ergebnis: Jeder, der sich wirklich darauf einlassen wollte, hatte die Möglichkeit, Pufferzonen einzuplanen. Das Geheimnis dahinter: Die Arbeit wird effektiver. Einziger Haken bei der Sache: Den Tagesablauf zu strukturieren kostet Disziplin.

Für mich habe ich das so gelöst, dass mein Boss mir einfach vorgibt, diese Gebets- und Loslasszeiten regelmäßig zu begehen. Natürlich lässt ER mir die Freiheit, kopf- und gebetslos in den Tag zu stürmen. Nur ist es dass, was ich wirklich will, was meinem Leib und meiner Seele gut tut? Doch bei allen Fragen, allen scheinbaren Sackgassen oder Irrwegen, auf eins ist Verlass: Gott ist der Boss, die Höhere Macht. Er kennt den Weg.

Der Alltag des Glaubens

Glaube findet im Alltag statt. An jedem Tag mit all seinen Sorgen, Problemen, Freuden, Nichtigkeiten, Unzulänglichkeiten etc. Martin Luther formulierte es: Man muss den Leuten aufs Maul schauen.

Es geht darum, Distanzen zu überbrücken, nicht auszuschließen, nicht zu separieren. Gerade in der Predigt sollte das Vertrauen auf den allumfassenden Gott, auf die allen Menschen geltende Liebe seines Sohnes im Vordergrund stehen.
Dies gilt insbesondere mir als Prediger, als Theologe. „Gott liebt mich“, egal, wie mir der Gottesdienst, die Predigt gelingt, das Seelsorgegespräch, die Beerdigung, der Nachbarschaftsschwatz, die Sitzungsleitung und was es sonst noch alles im Alltag gibt.
Ich vertraue Ihm, der/die für mich sowohl mütterliche als auch väterliche Seiten hat. Weil ich dies tue, traue ich mich, meinen Glauben zu leben, traue ich mich, authentisch zu sein.

Natürlich lebe ich als Pfarrer eine Rolle, bin Amtsperson, Seelsorger und eine Menge mehr. Doch letztlich zählt nur das, was ich vor Gott bin. Da bin ich Mensch, schwach, mit Stärken, erlösungsbedürftig, anderen helfen könnend, die ganze Palette dessen, was es ausmacht, ein Teil dieser Schöpfung zu sein. Letztlich bin ich damit eins von Gottes „Erfolgsmodellen“. Nicht mehr und nicht weniger. Dies zu sein, gelingt nur im Wechsel von Arbeit und Ausruhen. Im Wechsel von Anstrengung und Loslassen, vom diszipliniertem Schaffen und spielerischem sich gehen lassen. Dies ist der Rhythmus der unser Leben bestimmt. Wenn dies gelingt, kann ich leben, sein vor Gott, zu Gute sein mir und den Mitmenschen.

An allen Tagen lebe ich unter Gottes Sonne, lasse meine Dunkelheiten von seinem Licht vertreiben, lasse meine innere Kälte durch ihn aufwärmen. Darum sind die Alltagsthemen in der Verkündigung das wichtige. Jeder Tag ist ein Sonnentag, wenn ich ihn unter Gottes Schutz, im Vertrauen auf seine Kraft und Stärke leben kann, mich ihm in meiner Schwachheit anvertraue.
Deshalb ist es auch so schön, die alltäglichen Themen auf die Kanzel zu bringen, die kleinen Geschichten und Erlebnisse, die den Tag ausmachen, die ihn anreichern, manchmal auch verkürzen oder verlängern. Es sind keine an den Haaren herbei geredeten Geschichten, sondern die Begegnungen, das, was einen staunen lässt, freuen, ärgern, trauern, leben!

Wer die Evangelien mit offenem Herzen liest, entdeckt gerade dies in Jesu (Lebens)-Geschichten wieder. Da wird von einem Menschen geschrieben, der versuchte, aus seinem Lebensauftrag das Beste zu machen. Einer, der gekämpft hat, der gescheitert ist, wieder aufgestanden, neu angefangen hat. Gerade dies müssen ihm die Menschen seiner Zeit abgenommen haben. Da war einer, der ehrlich und au-

thentisch gelebt hat, der mit seinen Fehlern und Schwächen nicht hinter dem Berg hielt. Er war kein Blender, Weltenversprecher. Er war Jesus, einfacher Zimmermann, Sohn, Geliebter, der eine Berufung in sich spürte und der versuchte, dies seinen Mitmenschen kenntlich und deutlich zu machen. Oft genug ist er dabei an seiner menschlichen Person gescheitert, wie übrigens auch Paulus und so viele nach den Zweien. Wunderbar! Nur so konnte letztlich Gottes Kraft und Wirken deutlich werden. Nur so haben sich gerade die Schwachen, Verzweifelten, Zaudernden, Mutlosen immer wieder dieser guten Botschaft anschließen können. So konnten sie zu Menschen werden, die neuen Mut und Hoffnung schöpften, die Sonne und Licht in ihrem Leben immer wieder neu entdeckten und zur Geltung kommen ließen. Letztlich Menschen sein, die dankbar dafür waren, wer und was sie sein durften. Menschen, die in Bescheidenheit, Demut, Dankbarkeit jeden Tag neu auf sich zukommen ließen.
In der Bibel steht der Satz: Matthäus 16, 26:
„Was hilft es dem Menschen, wenn er die ganze Welt gewinnt, und nimmt doch Schaden an seiner Seele.“

Jeden Tag, den Gott werden lässt, versuche ich etwas für meine Seele zu tun, sie zu hegen und zu pflegen. Ein Tag, an dem dies nicht gelingt, ist nicht verloren, sondern eine wichtige Etappe, es in den nächsten 24 Stunden besser hin zu bekommen, beruhigt und gelassen nach vorne zu schauen.
Es ist ein großes Geschenk, Hoffnung haben zu dürfen! Dem entkommen zu dürfen, was wir selbst als unser Schicksal festgelegt haben. Das ist kein Realitätsverlust, sondern ein offenes Zugehen auf das, was das Leben bringt, sich darauf einzulassen, wirklich zu leben.

Wir können akzeptieren, dass das Leben eben so ist, wie es ist. Wenn wir es schaffen, uns selbst los zulassen, Gott an zu vertrauen, werden wir uns schließlich selbst finden. Das Paradoxon besteht darin, dass, wenn ich es schaffe, mich und mein Leben in Gottes Hände zu legen, ich befreit bin, ich selbst zu sein. Ein Ich, das gut ist für mich, dass gut ist für andere. Je mehr ich mich auf Gott konzentriere, desto weniger konzentriere ich mich auf mich selbst, bekomme ich mich fast spielerisch, ausgeruht, schöpferisch wieder selbst geschenkt.

Woher kommen diese Weisheiten? Nicht von mir. Sondern aus vielen Gesprächen, aus vielem Zuhören, aus Lebenserfahrungen, aus geteiltem Leben. Wie oft höre ich bei Besuchen und bei Treffen den Satz: „Ich könnte aus all meinen Erfahrungen und Erlebnissen ein Buch schreiben.“ Die wenigsten tun es dann wirklich – im übrigen, genauso wenig, wie Jesus selbst. Erst die, die nach ihm kamen, begannen seine Lebensgeschichte aufzuschreiben, fügten das hinzu, was ihnen wichtig war oder was ihre eigene Lebens- und Glaubenserfahrung beinhaltete.

Vielleicht macht es gerade dies aus, das die Botschaft von Gottes Sohn bis heute lebt und immer wieder weiter gegeben wird. Sie ist interpretationsoffen, alltagstauglich! Jesu Botschaft ist keine akademische Lehrpredigt, sondern gelebter Alltag – in Worte gefasst.

Die Worte der heilsamen Botschaft taugen nichts, aufgespart für den Sonntag und damit in eine Nische gesperrt. Sie sind tauglich für jeden Moment des Lebens, mit allen ihren Widersprüchen, Unverständlichkeiten, Forderungen und Herausforderungen.

Ich würde mir wünschen, dass dies von Christen offensiv gelebt wird, dass sie sich damit „angreifbar“ machen, fassbar, wieder erkennbar, in dem, was ihr seelisches Fundament ausmacht. Vielleicht sind sie damit manchmal für andere eine Lachnummer, verwundbar, akademisch widerlegbar, naiv, unschuldig wirkend. Also, genau so, wie es Kindern manchmal geht. Und doch können sie von einem zum anderen Moment aus tiefster Traurigkeit kommend, wieder herzhaft lachen, den Moment genießen, liebevoll und zärtlich sein, impulsiv und unvernünftig, ganz aus sich heraus sein. Für sie gibt es nicht den Alltag und den Sonntag, für sie gibt es nur das Hier und Jetzt.

Danach gelebt, dürfen auch wir „nachdenklichen“ Erwachsenen Gottes Kinder sein, dürfen die Zeit vergessen, dürfen uns freuen auf das, was ist und was auch immer kommen wird. Wir dürfen unser Maul aufmachen, auch wenn es nicht angebracht scheint. Wir dürfen anderen darauf schauen, auch wenn es unhöflich sein mag. Wir dürfen es halten, wenn es besser wäre, es auf zumachen. Wie auch immer, wir brauchen uns nicht zu verurteilen oder zu beurteilen, für das, was wir sind. Doch wir dürfen an jedem von Gott geschenkten Tag den Neuanfang wagen, uns mitnehmen lassen, als seine geliebten Kinder, frei von Sorgen, frei vom Morgen.

Gefühltes

Für meine Freunde Friedemann und Winnie,
die gehen mussten. Sie starben, trocken,
nach erfüllt gelebt Jahren.

Gerne hätte ich meinen Freund behalten.
Doch er war nicht mehr zu halten.

Gerne wäre ich noch bei ihm gewesen.
Doch sein Leben hatte andere Pläne.

Gerne würde ich mit ihm noch lachen,
reden von allen möglichen Sachen.

Doch es ist zu spät.

Gerne werde ich an ihn denken.
Meine Gedanken zu ihm lenken.

Im Herzen werde ich ihn vermissen
und doch für immer von ihm wissen.

Er war ein Teil meines Lebens,
deshalb starb er nicht vergebens.

Dankbar bin ich Gott für ihn:
Wir werden uns wieder sehn.

Leon:

Es war einmal ein kleiner Junge, der war schwer krank. Er hatte Krebs. Monate hatte er gekämpft. Seine Haare fielen aus, aber er lachte. Von den Tabletten, die er nehmen musste, bekam er Bauchweh. Doch er spielte und träumte davon, wieder ganz gesund zu werden.

Eines Abends aber kamen Mama und Papa zu ihm, setzten sich an sein Bett, nahmen seine Hände, links und rechts. Eine Weile sagten sie nichts, sahen nur stumm und voller Liebe auf ihn. Auch er, der immer voller Leben gewesen war, schwieg.

"Du wirst nicht mehr gesund", sagten sie ihm. Er schwieg. Er wusste es längst. - Sie teilten ihre Tränen.

An diesem Abend, nachdem die Mama ihm den Gutenachtkuss gegeben hatte, schaltete sich nicht die kleine, bunte Lampe auf seinem Nachttisch an.

Statt dessen kam der Papa. Er hatte ein brennendes Teelicht in der Hand, gesetzt in eine Kugel aus Glas. Darauf leuchteten flackernd helle Sterne vor dunklem Nachthimmel.

Und als der Papa ihm das letzte Mal über den Kopf gestrichen hatte und gegangen war, leuchtete das Kerzlein weiter. Der kleine Junge wusste, bald würde auch er eines dieser Sternlein sein.

Einsam:

Kälte in der Nacht und volle Tage. Vergessen wollen und doch immer wieder dran erinnnert werden. Sehnsuchtsvolles hinterherschauen.

Leere Wohnung, die auch durch die Heizung nicht wärmer wird. Inneres Froesteln, das kein Tee beseitigen kann.

Doch wirst du finden, was du suchst, wenn du dich selbst lieb hast.

Erschöpft:

Wo ist vorne, wo ist hinten?
Der Blick findet keinen Halt. Ausgelaufen und ausgesaugt.
Brennende Augen, blutleerer Kopf und die Zunge verbissen am Gaumen.
Männlein oder Weiblein?
Kein Interesse.
Sehnsucht, aber wonach?
Lasst mich nur in Ruhe!
Jedes Geräusch ist Schmerz, der auf überspannte Nerven trifft.
Lass mich nicht allein, aber sei still!
Ich muss doch noch ....
Aber ich kann nicht mehr.
Begreif es doch!
Ich muss etwas ändern!
Nur was?
Sag' s mir doch! -
Mich?!

Heute:

Heute habe ich Geburtstag. Heute feiere ich, lade mir Freunde ein, helfe einem Menschen, freue mich über meinen Besuch, bin ruhig und gelassen, geniesse die Sonne, gehe in den Wald, bin lieb zu den Kollegen, habe gute Vorsätze, danke Gott fuer diesen Tag, höre Kinderlachen, bleibe ruhig, wenn andere fluchen, rege mich nicht auf über den Verkehr und die Autoschlange, backe Kuchen, nehme meine Frau in den Arm, mache Pläne, schaue Urlaubsfotos, gehe ins Kino und hinterher ins Theater, nehme mir Zeit nur für mich, meditiere, mache Yoga, Joggen ... .
Und wenn heute der Tag ist, an dem ich sterben werde. Dann mache ich alles genau so.

Manchmal fühle ich mich ....

Manchmal fühle ich mich so richtig Ääähhhhhhhhh. Irgendwie so bäähhhhhhh. So gar nicht richtig ich und doch wie kein anderer.

So irgendwie, ich weiß nicht wie. So, als wenn ich es nicht bin und doch ich. So eigentlich, als wenn alles ganz anders sein könnte. Und doch mache ich es genauso wie immer. Ich bleibe ich selbst, mit der Sehnsucht ein anderer zu sein und doch nicht von mir weg zukönnen.

Schlaflos:

Von einer Seite auf die andere. Gerne würde ich endlich Ruhe finden, doch die Filme in mir laufen weiter.

Von links nach rechts rolle ich und die Gedanken wollen nicht stehen bleiben.

Etwas drängt in mir und doch kann ich es nicht fassen.

Ich versuche zu zählen, mit den Füßen zu spielen, mich abzulenken. Nichts funktioniert, denn ich kann es nicht steuern. Ich schlage die Decke hoch und wieder runter, lege mir ein Kissen unter die Beine, doch es pulsiert weiter in mir.

Wenn ich wenigstens wüßte, was mich am gnädigen Versinken hindert?!

Warme Milch mit Honig, Schokolade aus der Naschbox. Der Mund ist süß, doch der Magen rumort und sehnt sich nach stillem Verdauen.

In mir bleibt es laut, denn meine Nerven spielen Autobahn.

Ich bete, ich verspreche und rede mich immer mehr hinein.

Das Radio leidet mit mir. Müde Sprecher schleppen sich von einer Nachtmusik zur anderen. Sie könnten bestimmt gut schlafen, wenn sie nur dürften.

Im Fernsehen reihen sich die Wiederholungen in den Telefonsex ein. 0190 ..., 2,24 Euro pro Minute für silikongefüllte Brüste und leere Versprechen.

Bei soviel Eintönigkeit in der Welt, überwältigt mich endlich der Schlaf - auf dem Sofa, unter leichter Decke und die Fernbedienung als Kopfkissen.

Sucht:

Sie leitet dich. Sie umfängt dich.
Sie ist immer da - besonders, wenn du sie am wenigsten erwartest.
Du entkommst ihr nicht, sie steht allzeit fuer dich bereit.
Sie lauert auf deine schwachen Momente - wartet darauf, dass du dich sicher fühlst.
Gerade dann schlägt sie wieder zu - zeigt dir, wer der Herr im Haus ist.
Mit deiner Stärke und deiner Willenskraft kannst du sie nicht besiegen. Nur durch das Eingeständnis deiner Schwäche ist ihr beizukommen.

Laute Stille:

Nie hatte er etwas lauteres gehört als diese Stille.
Er stand auf dem Berg.
Nichts regte sich, alles schien wie erstarrt.

Es schrie in ihm: "Es ist dein Leben!"
Was hast du mit ihm getan?!

Weggeworfen hast du es!
Nein, du bist kein kleines Kind mehr.

Ich habe dich nicht hierhin gebracht.
Du selbst wolltest es so.

"Du bist Schuld!"
Schuld-Schuld-Schuld.

Wie ein Echo klang es in ihm.
Je leiser es wurde, desto mehr traf es ihn.

Still war es auf dem Berg.
Nichts regte sich.

Kein Hauch, kein Laut.
Nur Stille.

Dröhnende Stille.
Bedrohliche Stille.

Sein Atem wurde zu Sandpapier in den Nasenflügeln.

Angst, schrie es in ihm.
Angst!!!

Er wollte es nicht.
Das wollte er nie, nie im Leben!

Er hatte nicht gewusst, dass es einmal so kommen würde.
Sein Atem stockte.

Ein warmer, sanfter Hauch streichelte sein Ohr - flüsterte ihm zu:
„Ich vergebe dir."

Anhang

Die Zwölf Traditionen der Anonymen Alkoholiker

1. Tradition
Unser gemeinsames Wohlergehen sollte an erster Stelle stehen; die Genesung des Einzelnen beruht auf der Einigkeit der Anonymen Alkoholiker.

2. Tradition
Für den Sinn und Zweck unserer Gruppe gibt es nur eine höchste Autorität - einen liebenden Gott, wie Er sich in dem Gewissen unserer Gruppe zu erkennen gibt. Unsere Vertrauensleute sind nur betraute Diener; sie herrschen nicht.

3. Tradition
Die einzige Voraussetzung für die Zugehörigkeit ist der Wunsch, mit dem Trinken aufzuhören.

4. Tradition
Jede Gruppe sollte selbständig sein, außer in Dingen, die andere Gruppen oder AA als Ganzes angehen.

5. Tradition
Die Hauptaufgabe jeder Gruppe ist, unsere AA-Botschaft zu Alkoholikern zu bringen, die noch leiden.

6. Tradition
Eine AA-Gruppe sollte niemals irgendein außen stehendes Unternehmen unterstützen, finanzieren oder mit dem AA-Namen decken, damit uns nicht Geld-, Besitz- und Prestigeprobleme von unserem eigentlichen Zweck ablenken.

7. Tradition
Jede AA-Gruppe sollte sich selbst erhalten und von außen kommende Unterstützungen ablehnen.

8. Tradition
Die Tätigkeit bei den Anonymen Alkoholikern sollte immer ehrenamtlich bleiben; jedoch dürfen unse-

re zentralen Dienststellen Angestellte beschäftigen.

9. Tradition
Anonyme Alkoholiker sollten niemals organisiert werden. Jedoch dürfen wir Dienst-Ausschüsse und -Komitees bilden, die denjenigen verantwortlich sind, welchen sie dienen.

10. Tradition
Anonyme Alkoholiker nehmen niemals Stellung zu Fragen außerhalb ihrer Gemeinschaft; deshalb sollte auch der AA-Name niemals in öffentliche Streitfragen verwickelt werden.

11. Tradition
Unsere Beziehungen zur Öffentlichkeit stützen sich mehr auf Anziehung als auf Werbung. Deshalb sollten wir auch gegenüber Presse, Rundfunk, Film und Fernsehen stets unsere persönliche Anonymität wahren.

12. Tradition
Anonymität ist die spirituelle Grundlage aller unserer Traditionen, die uns immer daran erinnern soll, Prinzipien über Personen zu stellen.

Im Sinne der oben aufgeführten „Traditionen" hat der Autor dieses Buches unter einem Pseudonym verfasst. Zudem betont er ausdrücklich, dass er in keiner Weise offizielle Positionen der Anonymen Alkoholiker vertritt. Dieses Buch ist lediglich die Schilderung einer Lebensgeschichte in großer Dankbarkeit angelehnt an die vielen, die eine ähnliche Begleitung erfahren haben und hoffentlich noch erfahren werden.
Eine Kontaktaufnahme mit dem Autor ist möglich unter lebenimheute@web.de und gerne willkommen.

Ausführliche Infos zum Thema Sucht und zu den jeweiligen Ansprechpartnern sind zu finden unter: „Deutsche Hauptstelle für Suchtfragen e.V." - www.dhs.de .

Printed by Books on Demand GmbH, Norderstedt / Germany